新时代红色旅游与红色文化融合发展论

韩元军 等著

中国财经出版传媒集团
经济科学出版社
Economic Science Press
·北 京·

图书在版编目（CIP）数据

新时代红色旅游与红色文化融合发展论／韩元军等著. -- 北京：经济科学出版社，2024. 7. -- ISBN 978-7-5218-6151-8

Ⅰ. F592. 3

中国国家版本馆 CIP 数据核字第 2024L5V370 号

责任编辑：张　蕾
责任校对：齐　杰
责任印制：邱　天

新时代红色旅游与红色文化融合发展论
韩元军　等著
经济科学出版社出版、发行　新华书店经销
社址：北京市海淀区阜成路甲 28 号　邮编：100142
应用经济分社电话：010－88191375　发行部电话：010－88191522
网址：www. esp. com. cn
电子邮箱：esp@ esp. com. cn
天猫网店：经济科学出版社旗舰店
网址：http：//jjkxcbs. tmall. com
固安华明印业有限公司印装
710×1000　16 开　10. 75 印张　200000 字
2024 年 8 月第 1 版　2024 年 8 月第 1 次印刷
ISBN 978－7－5218－6151－8　定价：79. 00 元

前　言

现阶段我国正处于大众旅游新阶段，消费者对于旅游要求越来越高，个性化、多元化、品质化、科技化正成为游客多元化的选择，特别是，以红色旅游、红色文化为代表的文旅新业态成为游客全新的体验方式、学习方式和成长方式，受到越来越多年轻人的喜爱。从2004年中央号召大力发展红色旅游开始，红色旅游从政治、经济、民生、民心等方面已全面融入国家战略。特别是，党的十八大以来，党中央高度重视红色基因传承工作，习近平总书记对红色文化和红色旅游作出了一系列重要指示批示，这为红色旅游与红色文化融合发展提供了根本遵循。与红色旅游巨大的市场规模相比，普遍存在红色旅游与红色文化融合程度不高的现象，这导致红色目的地缺乏市场活力、红色产品吸引力不强、红色活动参与群体不够广泛等系列问题。本书通过系统研究我国红色旅游高质量发展和红色文化传承更好融合的影响因素、机制、方式和路径，以期促进我国旅游业高质量发展，满足游客对于高品质红色文旅产品的需求。

为了能够理解具有显著时代特征的红色旅游与红色文化融合发展的理论和实践热点、难点，本书在篇章结构设计上，一方面从理论上阐释习近平总书记关于红色文化和红色旅游系列重要论述的理论内涵和时代价值，并从红色文化传承和红色旅游发展关系的角度分析两者的协同促进关系；另一方面，在实践上从政策、产业等角度分析了我国红色旅游与红色文化融合发展的政策演进与现实评价，在此基础上，从青少年视角分析了我国红色旅游与红色文化融合发展的影响因素，通过红色文创商品、革命博物馆、长征国家文化公园等典型案例，分析我国红色旅游与红色文化的投融资特征，基于宏微观融合视角全面构建促进红色旅游和红色文化融合发展的创新机制。可以说，这是新时代我国红色旅游、红色文化研究理论和实践密切结合的著作，以期对官、产、学、研等各方人士提供有益的参考。

为了让本研究具有更多创新性，在研究方法上，本书采用了市场调查、大数据分析、案例分析、定性分析等多方面相结合的方法；在研究视角方面，从过程和多因素视角分析了我国红色旅游和红色文化融合发展的影响因素和机理，采用从上而下与从下而上相结合角度打开红色旅游与红色文化融合水平不高的“黑盒子”，探讨影响我国红色文旅融合发展的重要因素，此外，本书尝试构建新时代全面提升红色旅游与红色文化融合发展水平的创新机制，有利于提高红色资源保护和优化利用水平，有利于推动红色旅游高质量发展，更有利于增强人们的文化自信、历史自信，为推动文化强国建设做出积极贡献。

通过研究发现，红色旅游高质量发展与红色文化传承是相互关联、相辅相成的。通过红色旅游高质量发展，可以有效促进红色文化的保护和传播；通过发展红色旅游可以获得经济收益，从而更好地保护红色文化遗产，红色旅游可以让青少年潜移默化感受红色文化的精神力量，传承红色基因、厚植爱国情怀。通过保护和传承红色文化，可以丰富红色旅游的内涵，创新红色旅游形式和场景，推动红色旅游高质量发展。

传承红色文化，发展红色旅游，根本是为了让人们过上幸福生活。要尊重旅游业发展规律，发展红色旅游要有市场思维。传承红色文化，要从中国青少年做起，同时，要提炼出共同价值，做好国际交流和传播。对于研究者来说，当前是红色旅游、红色文化理论创新和实践探索最好的时期，不仅有党中央的关心和指导，更有地方政府、市场主体等火热的实践，相信我国红色旅游与红色文化深度融合将有力推动中国式现代化的伟大实践，期待更多人参与到红色旅游、红色文化的研究中来。

目录
Contents

第一章 导 论

第一节 研究背景及意义

一、研究背景

红色旅游是落实“五位一体”总体布局和“四个自信”的重要载体，从2004年中央号召大力发展红色旅游开始，经过三期规划和18年发展，红色旅游在传承红色基因、助力经济社会发展等方面取得了巨大成就。特别是，党的十八大以来，中央高度重视红色旅游发展和红色文化传承工作，习近平总书记强调，坚持以文塑旅、以旅彰文，推进文化和旅游深度融合发展，[①]要讲好党的故事、革命的故事、根据地的故事、英雄和烈士的故事，加强革命传统教育、爱国主义教育、青少年思想道德教育，把红色基因传承好，确保红色江山永不变色。[②] 这为红色旅游与红色文化融合发展提供了根本遵循。与红色旅游的巨大市场规模（年接待游客人数由2004年的1.4亿人次增加至2019年的14.1亿人次）相比，我国普遍存在红色旅游与红色文化融合程度不高的现象，这导致了红色目的地缺乏市场活力、红色产品吸引力不强、红色活动参与群体不够广泛等系列问题。可以说，红色旅游与红色文化的融合程度不高已成为制约新时代红色旅游高质量发展、红色文化有效传承的关键瓶颈。新时代我国红色旅游和红色文化融合发展的影响因素是什么？怎样才能全面构建红色旅游和红色文化融合发展的创新机制？以上便是本书要解决的主要问题。

---

① 习近平. 高举中国特色社会主义伟大旗帜为全面建设社会主义现代化国家而团结奋斗在中国共产党第二十次全国代表大会上的报告［J］. 中国民族，2022（10）：4－29.

② 习近平. 用好红色资源，传承好红色基因把红色江山世世代代传下去［J］. 实践（思想理论版），2021（6）：4－11.

20世纪90年代初期，共产主义遗产旅游（communist heritage tourism）作为遗产旅游的新方式出现在部分欧洲后社会主义国家，从罗马尼亚、民主德国扩大至保加利亚、阿尔巴尼亚等国（左冰，2014）。国外对共产主义遗产旅游的研究主要关注遗产解说、遗产旅游与国家认同的关系（Henderson，2007；Ivanov，2009），对于红色旅游和文化融合缺乏研究。与国外相比，我国从2004年开始关注红色旅游，近年来，已有学者尝试研究红色旅游与红色文化融合的影响因素。从宏观视角来看，政策规划、市场需求、技术创新、人才支撑等会显著影响特定地区红色旅游与红色文化的融合发展（刘红梅，2012；张媛媛，2020）。国内对于微观层面的市场主体和事业个体红色旅游与红色文化融合影响因素的研究较为缺乏，往往是对个别地区（桂林、井冈山等）进行分析（程瑶，2014）。在红色旅游与红色文化融合机制方面，已有研究从文旅融合与红色旅游自身发展展开研究（王海文，2018；钟旅平，2019；刘建平，2020）。从上述文献情况来看，学界已经围绕红色旅游与红色文化融合发展做了一些研究，但是还存在以下三方面不足：一是以前往往将红色文化传承研究置于从上而下管理者视角下，将红色旅游发展研究置于从下而上游客视角下，缺乏新时代从上而下与从下而上结合下红色旅游与红色文化融合发展的综合分析；二是国内的研究往往注重宏观视角，缺乏微观市场主体和事业部门视角与宏观视角密切联系的系统框架；三是在研究方法上，往往采用传统的定性推理和模型分析，缺乏案例分析、实地访谈、逻辑分析、数理分析、调研问卷等多种方法的综合应用。

二、研究的理论价值和实践意义

现阶段我国正处于大众旅游新阶段，消费者对于旅游要求越来越高，个性化、多元化、品质化、科技化正成为游客越来越多的选择，特别是以红色旅游、红色文化为代表的文旅新业态正在成为游客的一种全新学习方式、成长方式、体验方式，受到越来越多年轻人的喜爱。通过系统研究我国红色旅游高质量发展和红色文化传承更好融合的机制、方式和路径，能够促进旅游业高质量发展，满足游客对于高品质红色文旅产品的需求，因此，本书具有重要的理论价值和现实意义。

理论价值主要体现在：第一，当前，我国文化和旅游融合发展的层次、水平需要进一步提升，不仅在产品、资源、市场、公共服务等领域推进融合发展，更要在体制机制上寻求突破，文旅融合仍然面临不少挑战，本书通过考察特定的旅游业态的融合，力图打开红色旅游发展和红色文化传承融合的黑箱，通过具体业态的考察丰富和拓展文旅融合发展理论，对红色旅游高质量发展理论进行了新探索。第二，本书尝试构建了红色旅游与红色文化全面融合的系统框架，为新时代红色文化传承和创新提供了新支撑。虽然我国已是红色旅游大国，但是红色旅游内涵需要进一步扩展和丰富，红色文化深受游客特别是青少年喜爱，这为丰富红色旅游的文化内涵、推动红色旅游和红色文化深度融合奠定了良好的基础，通过系统构建红色旅游与红色文化全面融合的框架，能够为文化强国建设提供坚实的基础，能够显著增强我国老百姓的文化自信和历史自信，推动文化强国尽快建成。

现实价值主要体现在：第一，红色文旅是现代旅游业的重要组成部分，涉及吃、住、行、游、购、娱等众多环节，产业链长、关联产业多、综合带动作用大、环境友好型属性强，对于目的地经济社会发展具有显著促进作用。本书提供了红色旅游与红色文化融合发展的具体案例，通过红色文创商品、长征国家文化公园、红色博物馆等具体的案例分析红色文旅融合发展的现状、问题和对策，为其他旅游业态的文旅融合提供了经验借鉴。第二，红色文旅对地方经济社会发展带动作用大，同时也占据了大量的劳动力、资本和技术等要素。如果红色文旅过度投资、淡旺季波动显著、劳动力流动大、创新技术应用缓慢等因素频发会显著降低当地旅游业的高质量发展，本书有利于丰富红色旅游的文化内涵和形式，实现红色资源优化配置和可持续发展；有利于当地旅游业提高资源利用效率，实现资源优化配置和产业可持续发展。第三，各地高度重视红色旅游与红色文化的融合发展，红色文旅不仅是一项事业，也是一种推动本地旅游业高质量发展的产业新动力，更是增强本地老百姓历史自信、文化自信的重要依托，本书为政府部门进行科学决策提供了智力支持，对于政府出台适宜红色文旅政策进行产业引导、事业促进具有参考价值。

第二节　研究思路和主要研究内容

一、全书逻辑框架

从全国层面推动红色旅游高质量发展与红色文化传承融合发展是本书的主要研究任务，有利于更好发挥红色文旅在政治、文化、民生等方面的功能，这也是新时期红色旅游、红色文化助力文化强国建设的使命。本书探索了新时代红色旅游和红色文化融合发展的理论，为文化和旅游深度融合提供理论支撑。为了达到上述目的，本书在已有研究述评基础上，系统阐释了习近平总书记关于红色旅游、红色文化重要论述的理论内涵和时代价值，从理论层面上探讨了红色旅游高质量发展与红色文化传承的关系，构建两者双向传导的系统框架，从政策、产业等角度分析了我国红色旅游与红色文化融合发展的政策演进与现实评价，在此基础上，从青少年视角分析了我国红色旅游与红色文化融合发展的影响因素，通过红色文创商品、革命博物馆、长征国家文化公园等典型案例分析了我国红色旅游与红色文化融合发展及投融资特征，最后，基于宏微观融合视角构建了促进红色旅游和红色文化融合发展的创新机制。如图 1－1 所示。

二、主要研究内容

第一章是导论。主要介绍研究的背景、理论价值和现实意义、研究思路和主要研究方法，以及成果的创新点等。

第二章是国内相关研究新进展和文献述评。从研究对象和研究目的出发，分别从红色旅游、红色文化等角度出发，分析不同阶段红色旅游研究对象和研究重点的变化，评述红色旅游和红色文化融合发展的最新进展。

第三章是红色旅游发展与红色文化传承的理论阐释。本章系统梳理了习近平总书记关于红色旅游和红色文化的重要论述，从革命文化传承、社会主义核心价值观培育、经济社会发展等方面分析这些重要论述蕴含的理论内涵和时代价值。从协同和冲突视角分析红色旅游与红色文化融合发展的理论关系，红色旅游是传播红色文化的重要载体，红色旅游是保护红色文化的重要

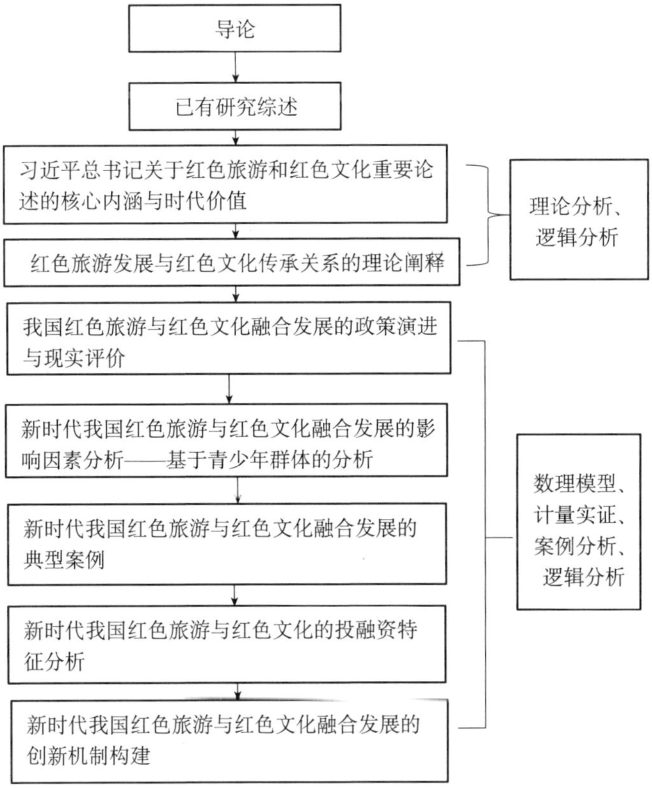

图 1-1 全书研究思路及逻辑框架

方式；同时，红色文化能够提升红色旅游内涵，红色文化是推动红色旅游开发的基础保障，是推动红色旅游提档升级的重要支撑。

第四章是我国红色旅游与红色文化融合发展的政策演进与现实评价。本部分运用内容分析法对 2004～2022 年我国国家层面发布的 182 个红色文旅政策文件进行结构统计分析，通过构建政策目标价值—政策工具—政策功能三维分析模型，全面评估我国红色文旅政策的演进历程与内容体系。以重点红色旅游目的地为研究对象，运用耦合协调度模型，综合考虑制度因素和市场因素，分析 2001～2020 年我国红色旅游与红色文化的耦合协调度，并进一步运用 DID 双重差分法评估我国红色文旅政策的实施效果。

第五章是新时代我国红色旅游与红色文化融合发展的影响因素分析——基于青少年群体的分析。课题组以实地调研的形式，赴西柏坡、长沙、湘潭等多个红色旅游目的地，并采取“线下 + 线上”结合的方式，分析青少年的基本休闲方式与文化消费习惯、影响他们“远游”的因素、对红色文化的关注点、对红色旅游内容与形式的行为与态度偏好，从中得出红色旅游和红色文化的主要影响因素和条件。

第六章是新时代我国红色旅游与红色文化融合发展的典型案例。本章从红色文创商品、革命博物馆、长征国家文化公园等方面分析了我国红色旅游与红色文化融合发展的典型做法、面临的问题以及对策建议，以期通过案例分析红色旅游和红色文化融合发展的好经验、好做法以及亟须解决的难点和重点。

第七章是新时代我国红色旅游与红色文化的投融资特征分析。本章从投融资规模、区域分布、投融资特征、发展趋势等方面全面分析我国红色文旅投融资的基本情况，梳理促进红色文旅投融资的着力点和困难瓶颈，为更好地推动红色文旅投资持续发展提供政策建议。

第八章是新时代我国红色旅游与红色文化融合发展的创新机制构建。新时代要从管理体制改革、市场活力激发、投融资机制、国际化等方面切入，全面推进红色旅游高质量发展和红色文化传承融合发展的创新机制，以红色旅游为载体传承好红色文化，用红色文化丰富红色旅游内涵，推动红色旅游和红色文化深度融合。

第三节　主要研究方法

本书主要采用以下几种研究方法。

第一，定性研究方法和定量研究方法相结合。本书是研究红色旅游与红色文化融合发展的现实问题，因此以内容分析法、DID 政策分析、耦合协调度方法为重要方法，同时采用定性逻辑分析方法为重要辅助方法，从政策、产业、投融资、目的地等视角评价了我国红色旅游与红色文化融合发展的现实情况，为了更好分析红色文旅融合情况，本书通过对青少年展开市场调查，全面分析了影响青少年红色旅游与红色文化融合发展的关键因素，同时结合目的地、国际影响力和现代旅游治理等宏观因素进行定性逻辑分析。

第二，比较分析方法。本书通过借鉴延安、西柏坡、临沂、韶山等红色旅游发达城市在红色旅游与红色文化融合方面的成功经验，对比分析全国层面推动红色旅游高质量发展与红色文化传承融合发展的路径差异，学习长征国家文化公园、革命博物馆、红色文创商品等某一类提升红色文旅融合发展的好经验、好做法，并从中得出推动我国红色旅游与红色文化融合发展的重要启示。

第三，大数据分析方法。本书在以上方法基础上，还辅助以大数据分析方法，通过利用WIND等金融大数据库，以及携程、马蜂窝等与中国旅游研究院的联合实验室平台分析红色旅游在促进消费促进、经济拉动方面的数据资料，这可以为从消费、投资相结合全面分析我国红色文旅融合发展的影响因素和提升战略提供参考。

第四，文献检索法。本书针对研究内容，通过网络、馆藏机构进行文献检索，并对检索结果进行系统整理。重点收集了以下三方面的文献资料：一是党中央、国务院、各部委及各地出台的红色旅游、红色文化等方面的政策文件；二是革命老区以及红色旅游重点城市出台的关于促进红色旅游高质量发展、推动红色文化传承方面的政策文件、评估报告、调研报告等；三是国内外关于红色旅游、红色文化等方面的学术研究文献。

第四节 成果创新点

一、主要创新之处

首先，本书从过程和多因素视角分析了我国红色旅游和红色文化融合发展的影响因素和机理，采用从上而下与从下而上相结合角度打开红色旅游与红色文化融合水平不高的黑盒子，探讨影响我国红色文旅融合发展的重要因素；其次，除了考虑红色文旅系统内部因素对融合发展的影响外，还考虑环境、制度、科技等宏观的外部因素，并且将两者紧密结合起来；最后，从宏观和微观相结合视角，构建了新时代全面提升红色旅游与红色文化融合发展水平的创新机制，有利于提高红色资源保护和优化利用水平，推动红色旅游高质量发展，更有利于增强人民的文化自信，为推动文化强国建设做出积极贡献。

二、重点难点

首先，由于红色旅游、红色文化融合发展的影响因素涉及政治、经济、文化等众多因素，研究内容综合性强、复杂度高、关联问题和交叉学科多，要从理论角度阐明红色旅游高质量发展与红色文化传承的理论关系面临着一些挑战，需要从学理上解释清楚；其次，构建科学的评价红色旅游与红色文化融合发展情况的指标体系，既有计量方法上选择的难题，也有估算指标体系设计上的难题，需要科学测算红色旅游和红色文化融合程度是面临的另一个难点；最后，要兼顾好管理者视角、产业视角和游客视角，建立符合时代要求的红色旅游与红色文化融合发展的创新机制，这在国内可以参考的相关文献较少，必须创新性地找出中国独特的发展路径和模式。

第二章
国内相关研究新进展和文献述评*

早在20世纪80年代，国家就提出了以文旅融合推动旅游业发展的思路，2018年，国务院的机构改革计划中明确指出整合文化部和国家旅游局的职能，成立国务院的组成部门——文化和旅游部。直至目前，文旅融合仍是学界专家关注的重点。作为传承红色文化、教育时代新人、增强红色记忆、培育民族精神的重要形式之一，近几年我国红色旅游呈现蓬勃发展态势，旅游人次和收入在旅游业总体中占比不断增加。红色旅游发展在传承红色文化和助力革命老区脱贫振兴的同时，也会出现文化内涵缺失、创新能力不足、传播力度不够、利益分配不均、区域特色不明显等问题。红色旅游的发展，需要红色文化作为核心吸引，而红色文化的传承，也需要通过红色旅游这一具体途径去支撑，因此，红色旅游的发展与红色文化的传承是相辅相成、融通发展的。本章通过中国知网等数据库，对2004～2023年的关键词文献进行检索，整理出与之相关的论文，并对其中的核心文献进行了回顾与综述。

第一节　国内红色旅游研究进展和述评

21世纪以来，有关红色旅游发展与红色文化传承的研究愈加多样，专家学者从不同视角展开研究，下面将国内红色旅游研究分为2004～2012年党的十八大以前和2012年党的十八大以后至2023年两个阶段进行综述。

一、2004～2012年党的十八大以前的相关综述

本部分以“红色旅游”为主题词，以2004年1月～2012年11月为时间范围在中国知网进行检索，共检索到“红色旅游”的相关论文7 091篇，其

* 该部分由韩元军、吴有金（河南师范大学旅游学院硕士研究生）等共同完成。

中，学术期刊 3 011 篇，硕博学位论文 420 篇。对检测结果进行计量可视化分析得知，2004 年发文量只有 110 篇，《2004—2010 年全国红色旅游发展规划纲要》（以下简称《纲要》）由中共中央、国务院办公厅于 2004 年 12 月印发，随着《纲要》的印发，“红色旅游”逐渐成为一个热门话题，2005 年单年发文量达 1 044 篇，此后每年都有数百篇各类期刊论文发布。在这个阶段，专家学者分别从红色旅游的微观层面、宏观层面展开研究。

1. 微观层面涵盖红色旅游的概念界定、特点及意义等方面

（1）红色旅游概念界定方面，不同学者根据红色旅游不同时间、空间范围提炼出各自的观点。在早期研究中，红色旅游被界定为中国共产党成立到中华人民共和国成立期间革命历史文化遗址和遗物旅游（毛日清，2002），2004 年，中共中央办公厅、国务院办公厅印发《2004—2010 年全国红色旅游发展规划纲要》，将红色旅游定义为“以中国共产党领导人民在革命和战争时期建树丰功伟绩所形成的纪念地、标志物为载体，以其所承载的革命历史、革命事迹和革命精神为内涵，组织接待旅游者开展缅怀学习、参观游览的主题性旅游活动”。随着研究的推进，有学者认为应将红色旅游界定为参观从 1919 年“五四运动”到 1949 年新中国成立期间的革命历史遗产、重温形成的革命传统和革命精神，进行爱国主义教育、革命传统教育的旅游活动（王立东，2005）。但不论是“以革命纪念地（物）为核心，以自然、人文、社会旅游资源为衬托，学习革命历史知识，接受革命精神传统教育的旅游活动”（姚素英、王富德，2005），还是“政府主导、市场运作进行爱国主义教育和革命传统教育的特殊旅游产品类型”（尹晓颖等，2005），各专家学者都强调红色旅游是一种纪念学习革命精神、参观游览革命遗址、培育增强爱国主义的主题旅游（周刚，2006）。2011 年 5 月，中共中央办公厅、国务院办公厅印发《2011—2015 年全国红色旅游发展规划纲要》，仍然以革命战争时期的内容为重点，将 1840 年以来中国大地上发生的以爱国主义和革命传统精神为主题、具有代表性的重大事件和重要人物的历史文化遗存纳入了红色旅游发展范围，并按照主题内容划分为 1840 ~ 1921 年、1921 ~ 1949 年、1949 ~ 1978 年和 1978 年以来这 4 个时期，更全面、更系统、更完整地拓展了红色旅游的外延和内涵。

（2）红色旅游特点与意义的相关研究。由于红色旅游是以革命遗址遗物

为核心，以革命文化故事和目的地自然、人文环境为依托的旅游活动，游客在参观游览的过程中必然会接收到革命理想信念和爱国主义精神的洗涤净化，强政治性与教育性，这正是红色旅游活动的主要特点（尹晓颖，2005）。红色旅游既能弘扬红色文化，又能推动革命老区摆脱贫困，为实现脱贫攻坚和老区振兴打下坚实的基础，具有良好的经济和社会效益，作为一项带有政治重要性的国家扶贫战略，相对应也会在经济政策上有一定的倾斜。同时，红色旅游还具有品牌特征明显、时代特征鲜明、周期波动明显等特点（张群等，2006）。红色旅游具有经济层面与社会层面双重意义。红色旅游的经济效益表现为：旅游地财政收入增加，社区居民收入总体增加，就业机会增多（刘海洋，2012）。在我国农业产业化进程中，农村劳动力转移成为重要的劳动力转移方式之一，将农业富余劳动力从土地上解放出来开展第三产业，有利于提高贫困地区农民收入水平，从而有效推动贫困地区经济发展，在此基础上，部分学者提出了“扶贫”这一观点。发展红色旅游可以成为革命老区经济发展的重要增长点，是促进革命老区经济发展、提高群众生活水平的经济工程（张莉杰，2011）。红色旅游的社会意义在于红色旅游具有深刻的历史底蕴与革命传统等方面内容，通过对游客进行爱国主义、革命传统等方面的宣讲教育，使游客自觉地增强其社会责任感、民族自豪感与爱国主义情怀，引导游客坚定理想信念，树立远大追求（王雪晶等，2009）。

2. *宏观层面包括对红色旅游的资源规划开发、意见建议等方面*

部分学者从整体入手，如针对红色文化遗产资源的整合开发提出加强保护、资源整合等 7 个方面的建议（刘建平、刘向阳，2006）；或强调与其他旅游资源进行优化配置，最大限度地发挥红色旅游资源的经济效益和社会效益（李应军，2005），以及如何实现红色旅游的可持续发展问题（陈志永、李育，2005）。部分学者从具体的目的地出发，选取典型红色旅游目的地，通过对案例地的深入研究，发现问题并提出合理化建议，如在对井冈山资源存量和开发现状分析的基础之上，就红色旅游产品开发提出开发原则、方式等方面的发展对策（戴欣欣，2010）；对如何发挥韶山红色旅游的天然优势、开发红色旅游产品、树立韶山红色旅游主导地位等几个方面进行初步探讨，并提出文化回归、文脉延续、产品回归等方面的意见（方世敏、罗茜，2004）。更多学者从区域整体视角出发，通过分析区域内红色旅游资源开发现状，找出潜在问题并提出合理化建议，如对湖南省红色旅游资源进行综合评价并提出红色旅游可持续发展措施（阎友兵、方世敏等，2007）；为长株潭地区提出旅游对策，以求促进区域经济的健康、稳定发展（陈雄根，2007）；在回顾大别山资源优势与开发现状的基础上，构想大别山地区的红色旅游资源开发（万青，2006）；探讨河南省红色旅游开发的模式和线路设计，并对河南省红色旅游的开发提出初步的意见和建议（曹新向、王伟红等，2005），类似的还有对百色（王力峰，2005）、对山东（党红星，2006）、对沂蒙山区（郑昭佩、任燕，2006）、对江西（张颢，2007）等地区红色旅游资源的开发利用提出意见建议。

综上所述，单一红色旅游资源对游客的吸引力是十分有限的，需要加强红色文化、红色资源与其他相关产业的融合发展，才能带来更好的效益；或者从区域整体视角出发，整合区域内红色旅游资源，充分发挥资源集聚优势，实现由点到线再到面的区域整体发展战略，实现区域的可持续、高质量发展。

二、2012 年党的十八大以后 ~ 2023 年

党的十八大以来，习近平总书记高度重视红色资源的保护、管理和运用，反复强调用好红色资源、传承好红色基因，红色旅游在神州大地蓬勃发展。本部分以“红色旅游”为主题词，以 2012 年 12 月 ~ 2022 年 12 月为时间范围在中国知网进行检索，共检索到“红色旅游”的相关论文 10297 篇，其中，学术期刊 6024 篇，硕博学位论文 1427 篇。对检测结果进行计量可视化分析得知，“红色旅游”相关论文发文量逐年增多，2021 年单年发文量高达 2183 篇。显然，国务院办公厅持续颁布《2011—2015 年全国红色旅游发展规划纲要》《2016—2020 年全国红色旅游发展规划纲要》，为领域内专家学者聚焦红色旅游提供了政策引导。在这个阶段，随着红色旅游研究的深入，学者主要以红色旅游发展、红色旅游资源等为主题展开研究。

（1）在对红色旅游发展的研究中，黄静波、李纯（2015）已经从侧重强调政府主导转变为提倡多主体协同发展，呼吁构建地方政府引导、旅游企业主导和社区群众参与的发展模式，谭华云、许春晓（2016）利用 ANT（行动者网络理论）将旅游资源这一非人类行动者与政府、旅游经营者、社区等旅游地供应商层面的主要人类行动者一并并入韶山红色旅游融合发展的场域中，

为韶山红色旅游提出拓展利益共生空间、优化利益共生网络等建议。同时较之前相比，亓春元（2013）更加注重旅游体验：通过分析延安市游客满意度调查等游客感知方面材料，提出整合资源、深挖内涵等七条建议，促进延安红色旅游发展；韩国威（2014）采用 ASEB 栅格分析方法，分析湖北大别山地区的红色旅游开发现状及存在的问题，对湖北大别山地区的红色旅游提出五大构建和六大开发模式。在红色旅游产业与其他产业融合发展方面，周媛（2017）认为红色旅游必须走融合发展的道路，因为目前国内有大量单靠发展红色旅游未能实现既定目标规划的红色旅游目的地，所以应尽快掌握规律、破解难题，尽早实现红色旅游产业与相关产业融合发展。2015 年，阎友兵、殷韵洁（2015）通过分析红色旅游目的地发展现状与相关产业基本发展情况，深入探讨韶山旅游业与其他产业融合发展的对策。在红色旅游可持续发展方面，马荣霞（2013）提出通过政府主导、综合开发、大力营销、完善基建和加强社区参与实现石家庄红色旅游的可持续发展；许水平、黄细嘉等（2014）认为红色旅游景区特殊的资源、环境、社会运行规律决定其可持续发展也存在特殊性，但社区参与旅游依然能较好形成社区—景区双赢；陈丽军、杨凯等（2017）也认为，只有政府充分引导、社区积极参与，才能共同实现大别山革命老区红色旅游的可持续发展。在红色旅游的高质量发展方面，宋昌耀、厉新建等（2021）通过对市场、组合化融合化发展及体验化科技化发展展开论述，对红色旅游的高质量发展展开论述；张新成、高楠等（2022）基于五大发展理念构建红色旅游高质量发展评价体系。付璐（2022）从文化强国视域出发，为推动红色旅游高质量发展提出政策、营销、公共建设与人才培养方面的建议；刘建平（2020）从提高政治站位、注重顶层设计、深挖文化内涵、注重融合发展、开发特色产品、注重宣传营销、加强人才队伍七个方面解读红色旅游高质量发展战略。王雄青、胡长生（2020）以江西省为研究对象，从创新产业新业态、提高规模效应、统筹提质改造、修复保护和管理创新、人才培养等方面，为红色旅游高质量发展提供路径选择。

（2）在红色旅游资源开发方面，微观层面来讲，通过数字技术的运用，能增加馆藏目的地趣味性和直观性，提高游客的参与度，使游客更近距离接触红色旅游资源，在拉近与游客距离的同时，延长了旅游产业链，能带来一定的经济效益，魏文颖和银锋在他们的研究中详细地论证了这一点，他们通过深入的数据调查和分析，证明了提高游客参与度对红色旅游经济的积极影响（魏文颖、银锋，2021）。在红色旅游资源开发过程中运用价值共创机制，引导游客在认知、情感、价值观上和景区共创，实现主客共赢，刺利青和徐菲菲在他们的研究中主张通过引入价值共创机制的方式，使游客和景区能够共同创造价值，从而带来更多的经济效益和社会效益（刺利青、徐菲菲，2021）。从宏观的角度来看，构建红色旅游空间布局战略体系是实现旅游开发带动红色旅游资源的保护与红色文化的传承的关键。贾国栋、王立国等在他们的研究中详细阐述了这一点，他们强调了战略性规划的重要性，以及如何通过合理的空间布局来优化红色旅游资源的利用和保护（贾国栋、王立国等，2022）。在红色旅游资源共生方面，周美静（2017）通过深入的研究，构建了2类4型13种的旅游共生类型体系，她详细剖析了区域红色旅游共生类型现状特征，为后续的红色旅游发展提供了理论依据。许春晓、黎巧（2015）也以长株潭红色旅游为例，对共生发展多元主体的空间特征进行实证研究，并针对其集聚分布特点提出发展建议。朱慧方、时朋飞等（2022）以1 176个红色旅游点及3 380个乡村旅游点为研究样本，探究了红色旅游资源与乡村旅游资源的共生模式、共生空间格局和共生环境。他们的研究为贵州构建"文化产业与旅游产业繁荣发展"的现代产业体系拓展了方向。

第二节 红色文化、革命文化研究的新进展和述评

一、红色文化

刘寿礼（2004）在《苏区"红色文化"对中华民族精神的丰富和发展研究》中首次正式提出"红色文化"这一概念，并对它的内涵进行了深入探索。刘红梅（2012）认为，红色文化有广义和狭义之分，广义的红色文化指1840年以来创造的先进文化总和，包含新民主主义、旧民主主义和社会主义革命及建设时期的先进文化；狭义的红色文化则是自1921年中国共产党成立以来积累孕育下来的文化总和。红色文化，作为中国人的精神支柱，见证了中国共产党的领导以及全国各族人民在长期革命、建设、改革进程中共同创造的辉煌历史，是马克思主义中国化为核心的先进文化凝练总称（刘

润为，2013）。

现有关于红色文化资源的研究主要集中在以经济价值、德育价值、文化价值为主的单一层面上。经济价值主要体现在通过合理开发利用当地红色资源开展红色旅游活动，通过就业岗位的增加，提高当地居民收入，进而带动地方财政收入增加。但是，一般情况下红色文化资源对地区经济发展的提升作用有限，但当其形成集聚优势或比较优势时，这一拉动作用明显增强（谭娜、万金城，2022）。德育价值主要体现在高校育人、红色教育融入大学生思想政治教育等方面，如秦在东、庄芩（2021）提出，面对网络冲击，高校应进一步丰富育人载体、构建育人格局、打造育人高地，以增强红色文化育人的实效性；王志玲、李又云（2022）也认为，通过在高校大学生思想政治教育中融入红色教育资源，既能开发红色教育资源，发挥思政课的阵地作用，充分发挥第二课堂的辅助作用，主动占领网络阵地，又能提升高校思想政治教育水平，促进大学生全面发展。红色文化是充满活力的先进文化，汇集了众多文化的精华。它向人们展示了以人民为中心的价值观，将爱国主义置于灵魂地位，以革命精神为动力，以集体主义为准则，坚定地迈向社会主义的理想。这种文化追求人的自由、平等、尊严和幸福，强调团结、奋斗、创新和奉献，正是中国人民在长期革命实践中创造出的具有鲜明时代特征的文化。红色文化的形成和发展，离不开中国共产党的领导，离不开广大人民群众的参与和支持。人民群众是历史的创造者，也是红色文化的创造者和传承者。在长期的革命实践中，广大人民群众以爱国主义为核心，形成了坚韧不拔的民族精神，这种精神是红色文化的重要组成部分，具有极其珍贵的文化价值。随着时间的推移，红色文化资源面临着渗透和侵蚀，可以从内涵提升、保护性开发、传播效果提升、教育传承四个方面予以建设（周琪、张珊，2020）。同时，将红色文化资源进行数字化采集、保存、管理、修复、再现、展示、传播，有利于红色文化的传承保护与发展（许丽，2021）。

二、革命文化

中国共产党在艰苦的革命斗争中，带领人民群众写下了一段又一段的红色历史，不断积累传承形成了革命文化。革命文化是中国共产党和中国人民在各个历史时期，包括革命、建设和改革开放过程中，所形成的一种特殊的精神追求、精神品格和精神力量。这种文化不仅继承和发扬了中华优秀传统文化，而且引领和发展了社会主义先进文化，它在中华文明历史长河中扮演了重要的角色，起到了传承、融合和发展创新的作用，成为中华民族最为独特的精神标识之一（秦洁，2016）。

革命文化所特有的文化信仰、文化立场、文化价值观和文化品格，为推动中国特色社会主义文化的创新发展提供了深厚的文化根基和底蕴（李康平、张吉雄，2021）。在新时代，革命文化依然具有很重要的现实意义。为了革命文化更好地传承发展，应从丰富育人内容、拓宽文化传播渠道、构建多路径育人体系等方面入手，建立革命文化育人功能的长效机制（李永春、饶赟，2022）。将历史文本话语转译为群众生活话语，将革命战争话语转化为和平建设话语，将教育灌输话语转化为情感互动话语（张朋林、石书臣，2021），这些创新方式将有效增强革命文化宣传教育的时代感和吸引力。通过这些转化，我们能够更好地将革命精神融入当下，让群众更深入地理解和感受革命文化的内涵和价值。同时，这些转化也能够更好地适应时代发展的需要，让革命文化宣传教育更加贴近群众、贴近生活，从而更好地发挥其作用。

三、红色文化与革命文化、中国优秀传统文化、社会主义先进文化的关系

中华优秀传统文化、革命文化、社会主义先进文化和红色文化的发展，是一脉相承，不断发展、升华的过程（汤玲，2019）。革命文化是对中华优秀传统文化的继承与发扬，是社会主义先进文化的一种独特的精神追求（秦洁，2016），革命文化是红色文化的核心支撑，红色文化是革命文化在新的历史条件下的传承、再现与大众化表达（魏本权，2012）。中华优秀传统文化是中华民族文化的根源，是璀璨文明沉淀出来的瑰宝，无论是爱国、勤俭、节约、忠孝等思想理念，还是贵和、敦亲、好学、审势、求新、务实、奉公等传统美德，都体现着中华民族优秀的品质、优良的民族精神、崇高的民族气节、高尚的民族情感以及良好的民族习惯。革命文化在传承中华优秀传统文化的同时，融入马克思列宁主义，将马克思列宁主义与中国具体情况相结合，并在革命斗争中不断进行检验、发展。如“立党为公、执政为民”的执

政理念和“一切为了人民、一切依靠人民”“全心全意为人民服务”等，既是马克思主义的基本立场，也是务实、奉公等传统美德的传承与发扬。社会主义先进文化，是以马克思主义为指导，传承和发展中华优秀传统文化、革命文化，是中华文化在现代中国的最新成果，是当代中国发展的前进方向。

第三节 红色文化与红色旅游融合发展研究的新进展与述评

一、红色旅游发展与红色文化传承相辅相成、融通发展

红色旅游是以“红色文化”为内涵，以“旅游形式”为载体，旨在传承红色革命精神的一种活动形式（蒋长春，2013），红色文化传承是红色旅游的核心主题和主要目的（刘红梅，2012）。红色旅游是一种以革命历史、革命事迹和革命精神为内涵的旅游形式，旨在通过游览革命历史遗址、聆听革命故事、体验革命生活等方式，让游客深入了解和感受红色文化的魅力，从而传承和弘扬革命精神，增强民族自豪感和凝聚力。因此，红色文化传承是红色旅游的重要使命和责任。红色旅游不仅是一种旅游形式，更是一种具有深刻历史意义和文化内涵的社会文化活动，是中华民族红色文化的外化表现，红色文化是新时代树立文化自信的精神内核（付璐，2022）。通过参观革命历史遗址、聆听革命故事、体验革命生活等方式，人们可以更深入地了解中国共产党的奋斗历程和革命精神，增强民族自豪感和爱国情怀。同时，红色旅游将红色文化资源转化为经济资源，也为革命老区经济发展注入了新的动力，促进了当地旅游产业的发展和群众就业，为全面建设社会主义现代化国家做出了积极贡献。

二、红色旅游发展与红色文化传承融合发展实现目的地经济社会全面发展

将红色旅游与红色文化融合发展，也能帮助目的地实现红色旅游的跨越式发展（程瑶，2017）。程瑶（2017）阐述了红色旅游与红色文化融合如何为红色旅游目的地带来巨大的经济和文化价值，通过结合当地的文化资源和

红色旅游的特色，这种融合能够促进旅游业的创新和升级，提高目的地的吸引力和竞争力。同时，文化产业的发展也能够为当地居民提供更多的就业机会和收入来源，促进地方经济的繁荣。因此，将红色旅游与文化产业融合发展是一种可持续的旅游发展模式，能够实现经济、社会和文化的全面发展。在乡村振兴战略的大背景下，推动乡村红色文化与旅游的融合共生，是顺应时代发展的必然要求。尚子娟和任禹崑（2021）以南泥湾红色旅游景区为例，对乡村地区红色文化与旅游融合共生发展所面临的困境进行了深入剖析，并提出加强经济建设、营造发展环境、打造特色品牌等意见。朱虹和宋丹丹（2023）强调，推动旅游业高质量发展的一项不可或缺的重要任务是促进红色文化与旅游的深度融合。这种深度融合不仅有助于提升旅游业的品质和内涵，还能更好地传承和弘扬红色文化，让更多的人了解和认识红色文化的深厚历史底蕴和独特的文化魅力。部分学者针对红色文化与旅游融合发展存在的问题提出建议，如罗旦（2020）在深入调查井冈山文化和旅游两大产业的发展现状后，对文旅产业融合的影响因素进行了全面分析，提出了一系列有效的解决方案，包括资源整合、加强基础设施建设、积极引进人才等，以期为井冈山市文旅产业的深度融合创造更为优越的外部条件。李响（2021）在深入剖析红色文化和旅游产业后，揭示了红色旅游产业发展在不同层面上存在的诸多问题，并针对这些问题提出解决方案。

红色文化与红色旅游的融合发展是一项重要的文化工程和民生工程。通过政策支持、产品多样化、市场扩大、产业升级、人才引进等方面的努力，红色文化与红色旅游的融合发展取得了显著的成效。然而，也存在一些问题和挑战。例如，一些景区的保护和管理水平有待提高；一些游客对红色文化的认识和理解不够深入；一些企业的经营和服务质量有待提高等。因此，需要进一步加强政策支持、加大投资力度、提高管理和服务水平等方面的工作，以促进红色文化与红色旅游的融合发展取得更好的成效。

第三章
红色旅游发展与红色文化传承的理论阐释

第一节　红色旅游和红色文化的核心内涵与时代价值

习近平总书记关于红色旅游、红色文化的重要论述，彰显了共产党人的初心使命，传承红色基因是发展红色旅游、传承红色文化的核心思想和不变的价值坚守，是新时代发展红色旅游、传承红色文化的精神内核。贯彻落实好习近平总书记关于红色旅游、红色文化的指示批示精神，要结合时代特征、市场变化、年轻人的文化心理提出新要求，要有时代表达。传承红色文化，发展红色旅游，根本是为了让人们过上幸福生活。要尊重旅游业发展规律，发展红色旅游要有市场思维。传承红色文化，要提炼出共同价值，做好国际传播。

一、传承红色基因是发展红色旅游、传承红色文化的核心思想和不变的价值坚守

习近平总书记高度重视红色旅游发展和红色文化传承工作，党的十八大以来，习近平总书记多次到访革命纪念地、瞻仰革命历史纪念场所，发表系列重要讲话。习近平总书记在不同场合的重要讲话，尽管主题和侧重点有所不同，但传承红色基因始终是不变的价值坚守，是新时代发展红色旅游、传承红色文化的精神内核。

2013 年 7 月，习近平总书记在河北调研指导党的群众路线教育实践活动时指出，每到井冈山、延安、西柏坡等革命圣地，都是一次精神上、思想上的洗礼。每来一次，都能受到一次党的性质和宗旨的生动教育，就更加坚定了我们的公仆意识和为民情怀。[①] 2015 年 2 月，习近平总书记在陕西调研时

---

① 习近平. 用好红色资源，传承好红色基因 把红色江山世世代代传下去［J］. 求是，2021（10）：4－18.

强调，发展红色旅游要把准方向，核心是进行红色教育、传承红色基因，让干部群众来到这里能接受红色精神洗礼。[①] 2021年2月20日，习近平总书记在党史学习教育动员大会上强调，历史充分证明，江山就是人民，人民就是江山，人心向背关系党的生死存亡。[②] 2021年5月13日，习近平总书记在河南省淅川县邹庄村考察时指出，人民就是江山，我们共产党人打江山、守江山，都是为了人民幸福，守的是人民的心。2021年5月16日，习近平总书记在《求是》杂志社发表文章《用好红色资源，传承红色基因，把红色江山世世代代传下去》，指出让广大人民永葆初心，勇担使命，永远听党话、跟党走。这些重要论述科学回答了发展红色旅游、传承红色文化的核心要义是什么的重要理论问题。红色旅游的吸引力来自文物的珍贵、建筑体量的宏大、服务设施的完善，但其根本在于革命文化的博大精深、革命人物的感人事迹、革命精神的时代光芒。"一艘红船""半条被子""万里长征""四渡赤水""血战湘江"等每一件文物、每一个事件都诠释着光荣的革命传统和崇高的革命理想信念，传递着伟大的民族精神和时代精神。

二、红色旅游和红色文化要有时代表达

2011年，中共中央政治局常委、书记处书记、国家副主席习近平同志在韶山调研时强调，革命传统资源是我们党的宝贵财富，每一个红色旅游景点都是一个常学常新的生动课堂，蕴含着丰富的政治智慧和道德滋养。要把这些革命传统资源作为开展爱国主义和党性教育的生动教材。[③] 贯彻落实好习近平总书记关于红色旅游、红色文化的指示批示精神，就要落实教育效果的现实问题。

要探索文化和科技融合的新平台、新模式和新场景，形成红色基因传承的新路子。吸引更多的年轻人投身到这一事业，保护好红色文化，矢志传承奋斗。没有年轻人的参与、认同、传承和创造，就没有红色旅游、红色文化的未来。年轻人要什么？他们要的是真诚，哪怕是有瑕疵的真诚，也好过于

---

① 银元. 构建"顶天立地"格局 推动红色旅游高质量发展［N］. 中国旅游报，2022-06-28（3）.

② 习近平. 在党史学习教育动员大会上的讲话［J］. 求是，2021（7）：4-17.

③ 何勇，史鹏飞，李斌，等. 新思想引领新征程·红色足迹：闯出新路子 展现新作为 彰显新担当［N］. 人民日报，2021-05-24（1）.

完善的表演，高大上、“三突出”的程序化表演，反而可能让年轻人对红色旅游、红色文化敬而远之。红色旅游、红色文化的载体不仅只是传统的革命纪念馆、博物馆、革命遗址等，更是年轻人感兴趣的动漫、游戏、科技、体育等当代年轻人喜欢的载体。中国旅游研究院红色文旅专项调查结果显示，游客更倾向于深度体验红色旅游、红色文化。《水上党课》《延安保卫战》《红色娘子军》《中国出了个毛泽东》等融合声、光、电高科技与时尚文化的叫好又叫座的实景演出产品，“方特东方欲晓”“延安红街”等情景感、历史感十足的红色文旅综合体，以及艺术、科技、乡村元素与红色文旅深度融合的红色民宿、红色专列，体验感强，是年轻人喜爱的、有时尚范儿的创新产品。

人民江山人民守，红色故事人民讲，红色旅游既要“圈粉”，更要“圈心”。人民是国家的根本，国家不属于任何人或者群体所独有，而是属于全体人民，人民群众讲的红色故事最动听、最能打动人。浙江省开化县柴家村福岭山有一位 90 多岁的中央党史“义务讲解员”林翠娥，数十年如一日扎根中共浙皖特委旧址，为超过 10 万干部群众讲述了她所经历的红色故事，她说“只要我还能讲得动，我就一直讲下去。”[①] 老红军、老战士见证了历史的沧桑巨变，亲历了我们党的光辉历程，更加懂得今天幸福生活的来之不易，更能深刻体悟我们党的初心和使命。她们的讲述是发自内心的信仰和忠诚，朴实无华的语言和生动的历史细节，感动了无数参访者，也感动了无数网友。专业化的讲解有现场艺术感染力，会让观众流泪，但是也要防止出现一种倾向，就是大家认为这是一种表演形式，而不是真实的力量。讲解员是介质，不能只是把聚光灯打在他们身上，而是要把所有观众的心引向历史，引向故事所承载的价值。红色旅游从 2004 年接待 1.4 亿人次游客增长到 2019 年的 14.1 亿人次，共接待了 102.28 亿人次，[②] 已经从重点培育的新业态成长为“圈粉”众多的大事业、大产业，要更加注重精神文化传承，要“圈心”。

以理性、科学和理论引导知识青年走进红色经典，要相信年轻人的判断力和整体向上的基本面。2021 年 5 月 11 日，清华大学官方微博账号发布

---

① 杨梅鱼. 把红色基因传承好 [N]. 人民日报，2021-05-24 (1).

② 张静. 旅游为民富民成为小康社会标配 [N]. 中国旅游报，2022-10-14 (1).

"清华大学图书馆2020年借阅排行榜"，居于榜单首位的是四卷本的《毛泽东选集》，引起各方热议，主题阅读量已经超过40万次。在知乎平台上，一则"为什么越来越多的年轻人开始读起了毛选"的问题，已经有3万余人表示"赞同"，有2 000多条留言。在年轻人喜欢的B站上，"毛选朗读者"的视频动辄70万次点击量，网友们亲昵地称呼毛泽东为"教员"，并不断出现"致敬伟人"的评论。今天的中国年轻人并不是外界想象的"小粉红"，而是有着强烈的家国意识，对中国之所以一步步走向今天，对正在成为现实的中国梦有自己的理性思考。《毛泽东选集》之所以受欢迎在于它是基于中国革命和中国建设伟大实践的理性思考，是马克思主义指导的原创性成果。袁隆平院士去世后沿街致敬的年轻人，南京大学校园里不再追星的年轻人，他们知道自己要什么。当前，青少年对于红色文化的渴望和需求是前所未有的，红色文化让中国年轻人可以更从容平视这个世界。中国旅游研究院红色文旅专项调查显示，因为革命历史文化的吸引而进行红色旅游的游客比例达到了52.28%，他们正从红色资源中汲取源源不断的营养剂和正能量。今天的中国需要与时俱进的理论创新成果去引导年轻人、打动年轻人，而不是简单的复述。

三、传承红色基因，过好幸福生活

传承红色基因，必须让百姓过得幸福。2021年4月25日，习近平总书记来到桂林才湾镇毛竹山村，到农民王德利家中看望。习近平总书记指出，好日子都是奋斗出来的，希望你们依靠勤劳智慧把日子过得更有甜头、更有奔头①。龙塘寨红色旅游资源丰富，是红军长征途中的一个村寨。以前旅游设施不全，游客来了看看就走了。村民龙家友把自己房子改造成能住宿的旅游点，写上"农家乐，有饭吃"几个字挂了出去，当天就来了30多名游客。"现在我家开办的农家乐，收入一年有50多万元吧。""现在整个寨子十来户人家都发展起农家乐"，乡党委书记文万年说，过去的龙塘寨多少代人都是"靠山吃山"，如今发现身边的绿水青山就是金山银山，将良好的生态环境和丰富的红色遗迹、红色故事、红色传统相结合，形成独具地域特色的旅游产

① 汪奇文，等．我与总书记"同框" | 好日子都是奋斗来的［N］．新华社，2022-08-28.

业，村民的日子也越过越红火。

红色旅游、红色文化的时代表达要有市场思维。2006 年，浙江省委书记、省人大主任习近平同志指出，红色旅游活动搞得红红火火，主要原因是始终注重“红色内容”与“旅游载体”这两个方面的结合，做到发展红色旅游既考虑思想教育工作的特点，又兼顾旅游业的发展规律。[①] 总书记的重要讲话有很强的现实指导意义，发展红色旅游要尊重客观市场规律。2021 年 5 月 31 日，文化和旅游部、中宣部等部委联合发布红色旅游百条精品线路，对中国共产党带领全国人民艰苦奋斗、改革创新所取得的新成就、新事业给予充分展示、宣传，对于全国红色文化传承起到重要作用。中国旅游集团、携程旅游集团也陆续发布了相关红色旅游线路，体现新时代文化和旅游融合发展的新成就。现在的线路只是红色资源的串烧，而非可以培育市场的旅游线路。接下来，还要从市场现实出发，把红色旅游线路产品化。事实上，红色旅游线路是走出来的，不是画出来的。这么多线路，每个景点要停留多长时间？主要体验内容是什么？讲解、观看图片、影像如何互动？交通接驳方式是什么？是拉练式走完全程还是中间有调整和休息的地方，如何解决？一共需要多长时间/多少线路？如何请旅行社和 OTA 销售？价格如何？对以上问题的回答需要我们深入一线，从游客视角出发，与市场主体一同谋划，并通过跟踪调研，经由时间积淀方成精品，或者说精品是市场考验的结果。与红色旅游一样，红色文化的时代表达也要有市场思维，中国旅游研究院红色文旅专项调查显示，当今中小学生会把大量的休闲时间用在美术、音乐、体育等课外学习上，也会把很多时间用在游戏、动漫等休闲活动中，这就启示我们传承红色文化要尊重青少年兴趣爱好，将兴趣爱好与市场上开展的兴趣活动课结合起来，从而增强红色文化传承的科学性、市场性，让青少年潜移默化接受红色文化熏陶。

红色文化的国际传播要提炼出共同价值。在世界旅游联盟（WTA）、世界旅游城市联合会（WTCF）、联合国世界旅游组织（UNWTO）、亚太旅游协

---

① 江山．努力做好红色内容与旅游载体结合这篇大文章——访浙江省委书记、省人大主任习近平［EB/OL］．［2012－08－27］．http：//www. crt. com. cn/news2017/News/tgjx/12827926239B52HI4FK9DE14HKHH48. html.

会（PATA）等合作框架下，设置更多红色文化和旅游议题，更好展示和传播中国红色文化，向世界回答好“中国共产党为什么能”“马克思主义为什么行”“中国特色社会主义为什么好”等基本道理。要从中国红色资源中提炼出和平、发展、公平、正义、家国情怀、英雄主义、勇敢担当等共同价值，与世界共享，特别是与美国、欧洲、日本等发达资本主义国家共享，不能仅仅停留在与俄罗斯、朝鲜、古巴等与中国传统友好国家的双边框架下。大力发展以红色文化资源为吸引物的入境旅游，搭建传播中国共同价值的平台，构建人类命运共同体，在国际社会复苏经济、星际探索等合作中彰显新的长征精神、集体主义。带领我们走出星际迷航的并不是哪位超能的英雄，而是人民，只有人民才是历史的创造者，才是真正的英雄。

四、深刻领会习近平总书记关于红色旅游和红色文化重要论述的时代价值，共建从红色文化到红色文明的文旅融合大课堂

沿着习近平总书记红色足迹，构建面向21世纪的红色基因传承的文旅发展体系。要构建完善的红色文化资源保护体制，形成适合当代人需要的红色旅游解说系统，构建新时代红色旅游和红色文化融合发展体制，形成覆盖青少年、老年人、党员干部、企业家、外国人、海外华人、港澳台同胞等不同对象差异化、特色化的红色文化和红色旅游融合机制。

将政府主导、多元参与、融合发展作为新时代红色旅游和红色文化融合发展的三大法宝。政府要在红色旅游和红色文化融合发展中起到主导作用，在体制机制改革、红色文化作品创作、市场培育、革命老区基础设施建设、公共服务完善等方面积极作为。扩大红色旅游、红色文化参与主体范围，大力培育市场主体，发挥市场在红色旅游发展、红色文化传承中的积极性，发动媒体、学校、非政府组织、个人等多方力量以适当形式参与到红色资源保护利用中来。将融合发展作为红色旅游可持续发展的重要战略，推动红色旅游与文化强国建设、乡村振兴、新型城镇化等国家战略相融相通。

将革命传统教育与人们的成长、学习、工作、创业等常态化生活进行“文旅+”和“+文旅”的协同发展，增强知识性、趣味性和艺术性。丰富红色旅游、红色文化的内涵，既要历史感，也要现代感，吸引更多群体特别是年轻人自觉参与。推动红色旅游、红色文化与乡村振兴、新兴城镇化融合

发展，推动红色旅游、红色文化与科技、艺术、时尚、体育等融合发展，增加红色文旅产品的亲近感和体验性，红色文化资源开发利用要将弘扬革命传统与激发时代精神相结合。注重现代科技在红色旅游高质量发展、红色文化传承中的应用，将传统展示手段与现代展演形式相结合，适度运用声、光、电等高科技手段，增强吸引力和感染力，提高游客和当地居民的参与性。

第二节　红色旅游发展与红色文化传承的辩证关系

红色旅游高质量发展与红色文化传承是相互关联、相辅相成的。通过红色旅游高质量发展，可以有效促进红色文化的保护和传播，通过发展红色旅游可以获得经济收益，从而实现红色文化遗产更好保护，红色旅游可以让青少年潜移默化感受红色文化的精神力量，从而自觉接受革命传统和爱国主义教育，通过发展红色旅游能够实现广大农村走向现代化、农民增收致富，从而更好汇聚民心。通过保护和传承红色文化，可以丰富红色旅游的内涵，创新红色旅游的形式和场景，推动红色旅游高质量发展。

一、以红色旅游为载体传承红色文化

（一）红色旅游是传播红色文化的重要载体

红色旅游是一种传播红色文化的重要载体，红色旅游活动存在着大量的文化碰撞、交流和融合，通过红色旅游活动可以实现让人们感悟红色文化、增强文化自信和历史自信。旅游的本质是传播文化，它以潜移默化的形式传播着中华文化，让文化的种子在国内外游客心中生根发芽。红色旅游可以让游客直接感受到革命年代的峥嵘岁月、红色文化的精神力量、红色文化遗产的珍贵。此外，红色旅游通过非惯常环境的营造，如红色实景演出、红色主题公园、红色经典景区等场景创新，让游客能够通过“舞台化表达”间接传承红色文化，因此，红色旅游传播红色文化也具有间接性特征。红色旅游所带来的愉悦心理环境让红色文化交流方式更加潜移默化，游客在红色文化传播及交流过程中，感知效果明显。在红色旅游传承红色文化逻辑中，要注重在游前、游中、游后全过程去差异化、阶段化设计，一般红色旅游者在旅游

体验活动开始前，都有较长一段时间的准备活动，因此红色文化传承可以通过更多媒体、广告等形式进行表达；在游中则要注意红色旅游产品的体验设计和红色旅游解说系统开发，这关系到红色旅游过程中红色文化的传承效果；在游后则要更加关注口碑效应，因为游客往往将感想通过语言或者文字、视频等传播给其他人。

（二）红色旅游是保护红色文化的重要方式

红色旅游发展与红色文化保护在长期的实践中形成了互利互惠的共生关系：红色旅游发展是红色文化保护的重要支撑，红色文化保护是红色旅游发展的基础保障。红色旅游发展的重要本意是实现红色旅游发展与红色文化保护的平衡，即在不破坏红色文化的前提下适度合理地利用红色文化资源，为红色文化的挖掘、保护和传承创造条件；而红色文化保护为红色旅游发展注入了文化的基因，彰显了红色旅游目的地的独特个性，激活了人们对革命历史、红色文化的探索兴趣，促进了红色旅游目的地的持续发展。红色旅游发展与红色文化保护的共生关系尤其体现在红色文化遗产作为红色旅游资源的开发之中。为了实现以红色旅游发展撬动红色文化保护的目标实现，国家、社会、个人组成了红色旅游保护红色文化的三大主体。三大主体在红色旅游保护红色文化中协同参与，扮演着各自不同的角色，国家承担着红色旅游保护红色文化主导者角色，社会力量作为红色旅游保护红色文化的重要承担者，个人则是红色旅游保护红色文化的积极参与者。三大主体构成了红色旅游保护红色文化的利益相关者，只有寻求各利益相关者之间的最大公约数，才能有利于红色旅游保护红色文化目标的实现。

二、用红色文化丰富红色旅游内涵

（一）红色文化是推动红色旅游发展的基础保障

红色旅游，原指以中国共产党领导人民在革命和战争时期建树丰功伟绩所形成的纪念地、标志物为载体，以其所承载的革命历史、革命事迹和革命精神为内涵，组织接待旅游者开展缅怀学习、参观游览的主题性旅游活动。红色旅游发展二期规划将 1840 年以来中国大地上发生的以爱国主义和革命传统精神为主题、有代表性的重大事件和重要人物的历史文化遗存纳入红色旅游发展范围。红色旅游活动本质上是一种文化现象，主要核心是传承红色文化，同时实现经济、民生、富民等功能。因此，红色文化内涵是否丰富、红色文化资源是否完整都是关系到红色旅游高质量发展的基础。近年来，通过红色文化保护和传承实现了众多目标，有效加强了爱国主义和革命传统教育，丰富了人民精神文化生活，促进地方经济社会发展，全国也建设完成了300家红色旅游经典景区，红色旅游区域合作进一步加强，实现了“资源互享、优势互补、游客互送”。鄂豫皖“三省六市三十六县”、川黔渝“三省四市”和湖南伟人故里“红三角”等红色旅游区合作品牌更加成熟；晋冀豫“太行抗日烽火”，赣南、闽西“红色根据地”，闽赣粤“三省八市”等红色旅游区域联合体蓬勃兴起。

（二）红色文化是推动红色旅游提档升级的重要支撑

作为政治工程、文化工程，红色旅游加强和发展了新时期爱国主义教育，寓思想道德教育于参观游览之中，将革命历史、革命传统和革命精神通过旅游传输给广大人民群众，切实推进了社会主义核心价值与先进文化的传播，提高了政治思想认识，强化了爱国主义教育效果。红色旅游富民生、促增长显实效，红色旅游提供了大量就业机会，红色旅游还成为带动老区人民脱贫致富的有效举措，红色旅游对刺激旅游需求、促进旅游业发展，开拓更广阔的旅游消费市场，发挥了积极作用。红色旅游在取得巨大成就的同时，必须看到还存在不少问题：红色旅游项目内涵不够丰富，红色旅游产品吸引力不足，红色旅游目的地转型升级较慢等，这些仍是红色旅游工程推进的薄弱之处，制约着红色旅游的可持续发展。从现实来看，红色文化的深入挖掘、红色文化场景的现代化、红色文化内涵丰富、红色文化的大众普及等都是关系红色旅游转型升级的重要因素，这些因素也是新时代红色旅游提档升级的关键，未来要加速红色文化的中国化、现代化、大众化和科技化，为我国红色旅游高质量发展提供坚实基础。

第四章 我国红色旅游与红色文化融合发展的政策演进与现实评价

第一节 数字经济赋能我国文旅融合高质量发展——机理、渠道与经验证据*

随着全球新一轮科技革命与产业变革深入推进，遭遇新冠疫情严峻挑战的文化旅游业发展迎来了新机遇、新契机，大数据、云计算、物联网与第五代移动通信等数字技术对文化与旅游融合发展释放出了巨大潜能和深远影响。国务院印发的《“十四五”旅游业发展规划》（2021）指出，坚持以文塑旅、以旅彰文，推进智慧旅游发展，深化创新驱动，加强创新链和产业链对接。全球疫情防控的严峻形势使文化旅游业发展遭遇到前所未有的重创，如何通过数字经济赋能组织、技术和产品创新，促进文化与旅游深度融合，成为新发展格局下实现文化与旅游业高质量发展的热点问题。与此同时，数字基础设施、数字技术、数字平台应用已经成为推动文化与旅游深度融合、创新文化旅游产品与服务的重要抓手。数字经济赋能的方式已经从单点突破向全面成长转变，单纯的数字技术利用已无法满足文化与旅游业高质量发展的现实要求。因此，系统分析数字经济赋能文化与旅游融合的逻辑机理、传导渠道及实现路径，对促进数字经济时代文化与旅游融合发展具有重要的理论价值与现实意义。

文化与旅游融合高质量发展是指通过协同、渗透发展促进文化旅游产品与服务品质提升，实现文化与旅游业的绿色、创新、协调发展。学术界对文化与旅游融合展开了丰富研究，认为文化是旅游的灵魂，文化内涵与属性赋

* 刘英基，邹秉坤，韩元军，等．数字经济赋能文旅融合高质量发展——机理、渠道与经验证据［J］．旅游学刊，2023，38（5）：28－41.

能旅游更具有魅力；旅游是文化的载体，旅游为文化创意、传播、传承与弘扬提供了物质载体，文化与旅游融合发展成为新时代满足人民美好生活需要的重要途径。文化与旅游业相互渗透、迭代与融合发展，成为文化传承与旅游升级实现高质量发展的重要途径。促进文化与旅游融合高质量发展，需要通过创造性转化、创新性发展、社会化推动、全民参与、政府规划引导，真正实现“以文塑旅、以旅彰文”，让文化自觉、文化自信成为文化旅游的核心内容。文化与旅游产品、市场、政策等融合发展，形成合力是满足人民对美好生活需要的重要抓手，也是实现文化与旅游融合高质量发展的有效途径。

数字经济赋能是特定系统通过数据获取、数据分析和数据运用，实现价值创造或能力提升，实现要素重构、能力获取、产品迭代和价值创造，促进系统整体能力提升和实现价值创造。在构成维度上包括：一是数据资源通过“数据+算法+算力”创造新要素价值，具有显著的产品迭代与价值创造功能；二是数字技术通过提供数据分析、预测和决策能力，促进高效率发展；三是数字平台连接价值共创主体，优化决策流程和实现价值创造；四是数字治理对防范技术、市场、价值观念与模式创新风险等具有重要作用，提升价值创造能力。数字经济能够从多维度、多层面赋能文化与旅游融合发展。首先，数字经济赋能可以消除供求时空错位、生产消费、要素配置等信息不对称，实现要素、产品与服务的供给与需求精准衔接。数字经济赋能为文化旅游资源的采集、保护、展示与传播提供技术支持，并从产品、市场、技术、营销和管理等方面为文化旅游融合高质量发展提供新思路。其次，通过数字资源和数字平台对文物、文化资源进行数字化展示，实现共享与交换，政府、企业、居民和游客能够对文化旅游发展实现价值共创。再次，数字经济赋能文化旅游的供给侧和需求端，为文化旅游供应者和消费者提供动能，实现文化旅游高质量发展。最后，运用数字技术、数字平台促进“以文塑旅、以旅彰文”，能够让文化“动”起来，让文化空间“活”起来，从而更好地弘扬历史文化。

综上所述，学术界对数字经济赋能文化与旅游融合发展进行了有益探索，已有研究多将数字技术视为促进文化与旅游融合发展的手段，对数字经济赋能文化与旅游融合发展的逻辑机理、传导渠道及实践路径的系统探究较为少见，更缺乏相应的定量研究。基于此，本章拟系统分析数字经济赋能文化与旅游融合发展的逻辑机理，探究数字经济赋能文化与旅游融合发展的直接效应与间接传导渠道。采用除西藏及港澳台地区外全国30个省份的面板数据实证检验数字经济赋能文化与旅游融合发展的直接赋能效应，并从组织、技术和产品创新三个中介渠道检验数字经济赋能的传导机制，打开数字经济赋能文化与旅游融合发展的“黑箱”，为数字经济时代实现文化与旅游融合发展质量提升提供科学依据。

一、理论分析与研究假设

（一）数字经济赋能文化与旅游融合发展的逻辑机理

随着全球新一轮工业革命深入发展，物联网、大数据、云计算、人工智能和区块链等数字技术对文化与旅游融合发展释放出巨大潜能和深远影响。数字经济赋能是通过数据、算力、算法等数字应用实现特定系统能力获取和价值创造过程。数字经济赋能文化与旅游融合发展是指通过数字技术与信息的识别、获取、存储、分析和运用，实现资源优化配置，促进文化与旅游融合发展质量系统提升的过程。

第一，数字设施、创新要素与数据资源赋能文化与旅游业要素与消费升级实现融合发展质量提升。数字设施、创新要素与数据资源是重要的新型生产要素，文化与旅游要素、消费者交易记录等数据资源通过抽象化提取形成新的生产要素，这种新型生产要素具有可再生性和重复利用性特征，随着市场空间和消费规模扩大，数字设施、创新要素与数据资源的产出效应呈指数级增长，并呈现出明显的边际报酬递增趋势。文化与旅游资源的数字设施、创新要素与数据资源赋能突破了文化旅游的生产消费同步、结果无形与不可储存的障碍，提升了文化与旅游融合效率，降低了文化旅游消费门槛。数字设施、创新要素与数据资源赋能文化旅游融合发展为更多消费者提供方式更多样、内容更丰富、体验更便利、选择更自主的文化旅游产品服务，为文化旅游融合高质量发展注入持续动力。

第二，数字技术赋能文化与旅游业产品与服务融合质量提升。文化旅游智能化是数字经济时代的客观趋势，通过数字技术赋能有形文化、无形文化与旅游过程的深度融合，能够有效提升文化旅游消费者的沉浸感、真实感，实现以文促旅、以旅彰文的文化传承、保护与弘扬的高质量融合效果。数字技术赋能效果取决于算力、算法的突破程度，大数据和算力、算法进步为文化与旅游融合发展提供有力支撑。数字技术应用能够促进文化与旅游部门的要素结构升级、供求结构及变动的精准衔接程度，在系统把握顾客消费需求与价值创造取向基础上，研发创新数字化、智能化技术支持文化与旅游融合的产品、服务创意与设计开发，赋能智慧旅游吸引物满足游客猎奇心，将优秀传统文化以更丰富、更生动的文旅文创产品或服务形式展现出来，提升游客参与度、满意度，推进文化与旅游更深层次融合发展，促进文化旅游融合发展质量提升。

第三，通过信息化、智能化的数字平台赋能文化与旅游业资源整合与价值共创实现融合发展质量提升。通过数字平台构建价值共创体系实现文化旅游资源、产品与服务的供求精准衔接，知识、信息、价值的共创共享和政府、企业与顾客价值共创，是文化与旅游融合发展质量提升的新路径。文化与旅游融合发展既注重行业成长效率，更注重行业协调发展和各主体的价值共创。信息化、智能化数字平台为实现资源、信息、技术、知识和人才低成本集聚、整合提供基础，促进文化与旅游各主体进行价值共创享，通过信息、知识与技术的集成与共享实现文化旅游基础业务与增值业务的分离，既能够为文化旅游消费者提供基本的信息传播和服务交易，也能够满足更高阶文化旅游消费者的知识、文化体验需求。智慧旅游数字平台能够促进文化、旅游研发设计者、生产者、服务者和消费者通过空间或虚拟集聚实现价值共创和融合发展，一方面通过促进文化旅游资源、设施、服务加速融合形成规模经济、范围经济和网络效应；另一方面，数字平台能够实现文化旅游供给侧的内容创意与需求侧的变动趋势精准衔接，实现文化与旅游融合发展质量提升。

第四，数字经济赋能文化与旅游融合理念创新与价值链升级。数字经济时代为文旅融合发展带来了机遇，也意味着挑战，数字经济赋能新技术范式与新政策范式的高质量发展正反馈闭环系统是促进文化与旅游融合发展的关键动力，新发展理念是我国面对此机会窗口主动、及时的战略回应，数字技术进步的不同阶段会对发展理念提出相应的要求，这也意味着一个以产业为单位的动态发展过程需要发展理念随着技术的演化进行调整。数字经济赋能文化与旅游融合发展，改变传统的重建设、轻环保、重逐利、轻责任的发展理念，转向软硬件兼顾、效率与效益同步以及协调发展的发展理念，以先进数字技术为驱动力，促进文化旅游资源利用、产品开发、传播平台以及人才培养多层面革新，发展模式转向“互联网+”“+互联网”“文旅+科技”“智慧文旅”，实现文化旅游产业发展的“上云用数赋智”，推动文化旅游融合发展质量提升。

基于上述分析，数字经济赋能能够促进文化旅游资源、要素、产品、服务与价值链的融合高质量发展。为此，提出研究假说1。

假说1：数字经济对文化与旅游融合发展质量具有正向直接赋能效应。

（二）数字经济赋能文化与旅游融合发展的传导渠道分析

数字经济时代的文化与旅游融合需要通过组织、技术与产品创新等传导渠道实现发展质量提升。通过组织创新降低文化旅游要素、产品、服务等的交易成本，提升政府、企业、游客与居民的价值共创能力；通过技术创新促进文化与旅游要素、产品与服务精准衔接，提升文化与旅游资源的数字化展示、共享与协同；通过产品创新，促进和优化旅游价值链重构，汇聚文化旅游融合发展新动能，促进文化旅游市场结构变革。数字赋能组织创新是基础，技术创新是关键，产品创新是目标，三者有机组合构成数字赋能文化与旅游融合发展质量提升的间接赋能机制。

首先，数字经济赋能组织创新促进文化与旅游融合发展质量提升。组织创新是数字经济赋能文化与旅游融合发展的物质基础，数字技术、智慧平台为组织创新提供内生动力，赋能文化与旅游业主体实现跨行业交流与合作，消除传统文化与旅游发展中的信息孤岛现象。组织创新能够促进文化与旅游部门适应环境、战略和技术创新，促进组织结构扁平化，逐渐打破职能和信息壁垒，形成更具包容性、渗透性和开放性的合作架构来突破组织惯性。数字技术为文化与旅游业进行组织创新提供了驱动力量，新基建、新要素与新结构促进文化旅游组织结构的扁平化、柔性化、无边界化以及虚拟化创新，优化了文化与旅游组织的人、财、物、信息等资源供给与需求的衔接过程。传统文化与旅游融合发展的痛点正在成为组织创新促进支持的文化旅游数字化起点，组织创新提高了文化与旅游业的信息交流效率和资源整合能力，促进了文化与旅游业务流程再造，提升了动态复杂风险应对能力，促进文化与旅游融合发展质量提升。为此，提出研究假说2。

假说2：组织创新是数字经济赋能文化与旅游融合发展质量提升的物质

载体与基础渠道。

其次，数字经济赋能技术创新推动文化与旅游融合发展。技术创新是文化与旅游融合发展的核心驱动与关键过程，物联网、大数据、云计算以及区块链能够储存并计算海量数据，并对其进行分析和处理，对文化旅游要素、技术、服务的跨时空互联互通和精准匹配提供了技术支持和驱动力。数字技术通过提供强大的数据分析、预测和决策能力，赋能技术创新进行产品设计、服务决策和供应链管理等，促进文化与旅游融合发展质量提升，数字技术强大的连接能力有利于快速呈现文化与旅游、消费者与市场之间错综复杂的动态变化过程，精准获取消费者文化旅游需求的变化，并从服务、管理和营销等方面迅速作出反应，有效实现供给与需求精准衔接，提高资源配置效率、降低交易成本，催生文化旅游融合发展新业态、新模式。基于此，提出研究假说3。

假说3：技术创新是数字经济赋能文化与旅游融合发展的效率载体与核心渠道。

最后，数字经济赋能产品创新促进文化与旅游融合发展质量提升。数字经济赋能产品与服务创新是文化与旅游融合发展质量提升的关键内容，文化和旅游融合要求提供以文化为内核的体验形式，重新审视文化与旅游资源联结优势，凸显文化价值。数字经济增强了文化旅游供应链的连接、算法和价值创造能力，在供给侧重构了文化旅游产品的生产组织、资源配置和供应方式；在需求侧聚焦消费者价值，交易便利化、体验场景化和交互动态化，而且推动了文化旅游产品与服务创新，催生文化与旅游融合发展新业态模式。新技术应用不仅打破了文化旅游消费的时间与空间束缚，使消费者能随时随地体验丰富多样的旅游产品，“说走就走”的旅行逐渐成为现实。数字经济赋能文化与旅游融合发展模糊了生产者与消费者的普适关系，游客可以根据自己的喜好与需求进行自主选择，甚至进行反向制造。数字经济赋能文化与旅游融合发展打破了文化和旅游业各自提供相关产品的障碍，产品与服务形式以及传播途径发生颠覆性改变，并形成反馈机制提升发展质量，推动文化与旅游更深层次的融合。为此，提出研究假说4。

假说4：产品创新是数字经济赋能文化与旅游融合发展的品质载体与关键渠道。

总体上看，数字经济时代的数据资源、数字技术与制度均成为新型生产要素，对文化与旅游深度融合实现高质量发展具有重要的正向促进作用。数字基础、数字技术、数字应用等集成赋能要素、产品、服务与质量控制等实现组织融合、技术融合和市场融合，促进文化与旅游的产业价值链互动延伸、相互渗透、重组整合、业态创新等不同形态的深度融合态势，最终实现文化与旅游融合高质量发展。数字经济赋能文化与旅游融合发展质量提升的机理、渠道的逻辑框架如图4-1所示。

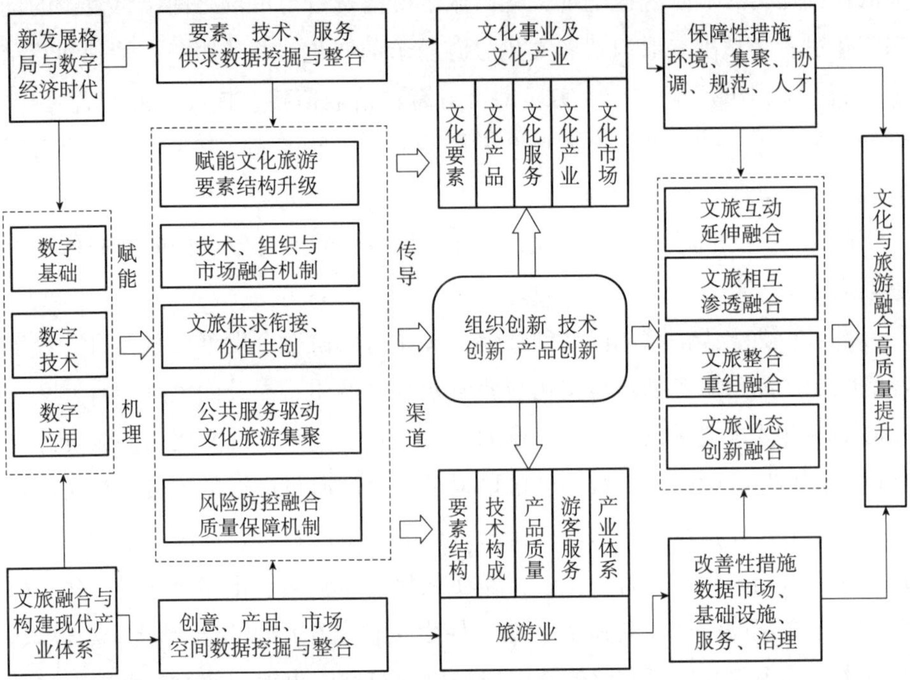

图4-1　数字经济赋能文化与旅游融合发展的机理及传导渠道的逻辑框架

二、模型设置、变量选取与数据来源

（一）模型设置

基于上述分析，为实证检验数字经济赋能文化与旅游融合发展的理论假说，构建反映直接赋能效应的面板回归模型进行实证检验，基准模型设置如下：

$$C\&T_{it} = \alpha_0 + \alpha_1 Index_{it} + \beta Control_{it} + \delta_t + \lambda_i + \varepsilon_{it} \tag{4-1}$$

其中，$C\&T_{it}$ 代表文化与旅游融合发展质量，$Index_{it}$ 代表地区数字经济指标，$Control$ 为控制变量，其中包括地区人均生产总值（$PGDP$）、公共交通客运量（PT）、支付模式运用（PAY）、专利申请数（PA）、知识生产能力（KCA）、互联网公共服务供给（DF）。i 和 t 分别表示地区和年份，δ 和 λ 分别表示时间和个体固定效应，ε 为误差项。

（二）变量选取及测度

1. 被解释变量：文化与旅游融合发展质量

文化和旅游部发布的《“十四五”文化和旅游发展规划》（2021）指出，要坚持“以文塑旅、以旅彰文”，推动文化与旅游深度融合、创新发展，主要包括提升旅游的文化内涵，以旅游促进文化传播和培育文化与旅游融合发展新业态等内容。高质量的文化与旅游融合发展既要讲好中国文化故事，更要通过故事传播中国文化；既要满足群众想要的文化旅游产品市场需求，更要通过优质文化旅游产品引导市场消费；既要吸引已有的“有文化的旅游者”，更要通过供给创新和政府支持“生产”出更多的“有文化的旅游者”（厉建新等，2022）。为了系统测度文化与旅游融合发展质量，需要构建科学的指标体系。文化与旅游融合发展已成为满足人民群众精神文化需求和美好生活的重要内容，既是促进经济发展的重要动力，也是实现社会和谐、文化传承的重要载体、纽带和过程。为此，构建包含政府支持、文化产业、文化事业和旅游业的综合指标体系（见表4－1）。为消除指标量纲差异，保证分析结果的准确性，采用极值法对原始数据进行无量纲化处理，并运用熵值法来确定各项指标的权重，加权计算得出各地区文化与旅游融合发展质量的最终得分。

表4－1　　文化与旅游融合发展质量指标体系

总体目标	一级指标	二级指标	单位	指标权重
文旅融合发展质量	政府支持（0.0955）	人均文化事业费	元	0.6532
		文化事业费占财政比重	%	0.3468
		群众文化事业机构数	个	0.0894
		公共图书馆个数	个	0.0683
		博物馆个数	个	0.0732

续表

总体目标	一级指标	二级指标	单位	指标权重
文旅融合发展质量	文化业（0.5071）	艺术表演团体个数	个	0.1523
		艺术表演馆个数	个	0.0981
		文化市场经营机构经营利润	千万元	0.2248
		文化市场机构营业总收入	千万元	0.2939
	旅游业（0.3974）	入境过夜游客人数	万人次	0.1583
		旅游外汇收入	百万美元	0.2548
		住宿企业营业利润	亿元	0.1957
		星级酒店全员劳动生产率	万元/人	0.1174
		第三产业占比	%	0.1604
		5A级景区数量	个	0.1134

2. 解释变量：数字经济发展水平

尽管国内外学界对数字经济研究取得了丰富成果，但由于数字经济发展水平的内涵、统计方法不够完善，尚未形成成熟的指标体系。借鉴张雪玲、焦月霞（2017）等的数字经济发展指标体系，构建包含数字发展环境、数字技术、数字应用等三个维度的综合指标体系（见表4-2）。该指标既包括实现数字经济发展所需的基础设施以及政府对于数字经济发展的支持程度，能够体现各地区数字经济发展的现实环境，也包括信息传输、技术应用、智能程度和数字生活等的指标。总体来看，该指标的丰富程度能够实现对我国不同地区数字技术使用程度以及数字化发展水平的精准刻画。本章在对原始数据进行无量纲化处理的基础上，运用主成分分析法和熵值法求权重，对上述指标数据进行降维处理，通过加权平均法得到数字经济综合发展指数。

表4-2　数字经济发展指标体系

一级指标	二级指标	三级指标	权重（%）
数字基础	数字设施	移动电话基站密度（个/平方千米）	4.80
		互联网宽带端口密度（万个/平方千米）	5.43
	创新要素	研发经费投入强度（%）	6.86
		财政科技投入占比（%）	5.63

续表

一级指标	二级指标	三级指标	权重（%）
数字技术	信息传输	移动电话普及率（%）	4.86
		人均使用移动网络流量（GB）	9.45
	技术应用	软件业务收入占比（%）	12.36
		技术合同成交额（元）	16.37
数字应用	智能程度	高新技术企业从业人数占比（%）	14.33
		企业每百人使用计算机台数（台）	5.77
	数字生活	网上零售额占比（%）	9.45
		数字普惠金融指数	4.70

3. 控制变量

为了系统分析数字经济对文化与旅游融合发展的赋能效应，减少遗漏变量对回归分析结果的干扰，选择以下控制变量：地区经济发展水平（*PGDP*），选择人均生产总值作为地区经济发展水平的代理变量；公共交通服务能力（*PT*），选择公共交通客运量作为各地区公共交通服务能力的代理变量；支付模式变革（*PAY*），选择移动支付作为各地区支付模式变革的代理变量；创新能力，选择专利申请数（*PA*）和知识生产能力（*KCA*）作为各省份技术创新能力的代理变量；互联网公共服务供给（*DF*），选择 IPv6，千兆宽带用户数作为各地区互联网公共服务供给能力的代理变量。

（三）数据来源

基于数据的可得性、连续性原则，选择除西藏及港澳台地区外全国 30 个省份 2012 ~ 2021 年的面板数据为样本，涉及价格的变量指标均以 2011 年不变价格为基期进行调整。数据来源于历年的《中国统计年鉴》、《中国科技统计年鉴》、《中国文化文物和旅游统计年鉴》、《第三产业统计年鉴》及各省份统计年鉴、国民经济和社会发展统计公报等。

三、实证检验及分析

（一）数字经济赋能文旅融合发展质量的直接效应检验

首先，运用基准回归模型，在不考虑变量内生性问题情况下，通过 Hausman 检验，选择 Stata16. 0 软件采用固定效应模型进行回归分析。表 4 – 3

中（1）列报告了数字经济对文化与旅游融合发展质量赋能效应的基准回归结果。结果显示，数字经济发展对文化与旅游融合发展质量的回归系数在5%水平上显著为正，这表明数字经济对文化与旅游融合发展具有正向赋能效应，能够促进文化与旅游融合发展质量提升，验证了研究假说1，符合国内多数文化旅游企业进行数字化转型，积极打造文化与旅游融合发展事实，对加快文化旅游数字化建设提供了科学证据。

表4-3　　回归结果

变量	(1) C&T	(2) Index	(3) C&T	(4) C&T
Index	0.737** (2.56)		1.312** (2.03)	
IV		0.111*** (4.76)		
DFFIC				0.169** (2.69)
PGDP	0.063** (1.94)	-0.058** (-2.89)	0.109* (1.75)	0.047* (1.86)
PT	-0.223 (-0.75)	0.105* (2.04)	-0.255 (-1.04)	-0.193 (-0.60)
PAY	0.047 (0.90)	0.034* (2.25)	0.064 (1.27)	0.060 (1.06)
PA	0.206*** (3.51)	0.011 (0.37)	0.209** (3.10)	0.216*** (2.78)
KCA	0.030 (0.74)	-0.000 (-0.04)	0.033 (0.64)	0.016 (0.32)
DF	0.123** (2.44)	0.052*** (3.61)	-0.179* (-2.45)	0.047** (1.97)
Cons	0.228** (2.57)			0.284*** (4.01)
观察值	210	210	210	210
个体效应	控制	控制	控制	控制
时间效应	控制	控制	控制	控制

续表

变量	(1) C&T	(2) Index	(3) C&T	(4) C&T
R^2	0.808			0.820
第一阶段 F 值		22.65		
Cragg-Donald			24.19	
Wald F 统计量			[16.38]	

注：括号中的数字为 t 统计量，*、**、*** 分别表示在 1%、5%、10% 的水平上显著。

在控制变量方面，代表地区经济发展水平的人均 GDP 在 10% 的显著性水平上为正值，表明地区经济发展水平对文化与旅游融合发展质量具有正向促进作用；公共交通服务对文化与旅游融合发展质量不显著，这说明数字经济条件下的公共交通服务在文化与旅游融合发展质量提升中的作用有限；支付模式变革对文化与旅游融合发展质量的回归系数为正值，但不显著，说明尽管移动支付能够促进旅游消费便利化，但对文化与旅游融合发展质量提升并不起作用；有效专利代表的创新能力在 1% 水平上显著为正值，符合创新驱动文化与旅游融合高质量发展的理论预期；知识生产能力对文化与旅游融合发展质量的回归系数为正值，但不显著，其原因在于，知识生产投入的作用效果具有滞后性，对文化与旅游融合发展质量提升的作用尚未发挥出来。互联网服务供给对文化与旅游融合发展质量的回归系数显著为正值，能够有效促进文化与旅游融合发展质量提升。

其次，采用工具变量法进行内生性检验。选择各地区电子商务销售额（EC）为工具变量。电子商务是借助数字技术、网络技术等网络通信技术进行的商务贸易或商业事务，数字技术对电子商务发展具有直接相关性作用，但是电子商务销售额的增加对文化与旅游融合发展的质量并没有直接的关系，因此，本章使用各地区电子商务销售额最为数字经济发展水平的工具变量。表 4-3 中（2）列和（3）列基于工具变量法的内生性检验结果显示，第一阶段电子商务对数字经济发展水平的回归系数在 1% 水平上显著为正，且 F 值大于 10，这说明所选择的工具变量不存在弱工具变量的问题，（3）列中的第二阶段数字经济发展水平对文化与旅游融合发展质量的回归系数与基准回归结果基本一致，这说明在考虑内生性问题之后，数字经济对文化与旅游融合发展质量提升依然具有显著的赋能效应，验证了基准回归结果的有效性。（3）列中控制变量的回归系数与基准回归分析结果基本一致。

最后，通过替换核心解释变量的方式进行稳健性检验。采用数字普惠金融指数（DFIIC）作为替代核心解释变量，该指数是由北京大学数字金融研究中心利用关于数字普惠金融的海量数据编制而成，该指标从数字金融覆盖广度、数字金融使用深度和普惠金融数字化程度 3 个维度来构建指标体系，同时具有纵向和横向的可比性，能够较为全面地反映地区数字经济发展程度。并且，本章所构建的数字技术综合指标中也加入了该指数。表 4 - 3 中（4）列的结果表明，数字普惠金融对文化与旅游融合发展质量的回归系数在 5% 水平上显著为正，替换解释变量进行稳健性检验结果与基准模型的结果基本一致。稳健性检验说明，数字经济对文旅融合发展具有显著的赋能效应，且这种效应具有稳定性特征。（3）列的回归分析结果显示，控制变量的回归系数与基准回归分析结果基本一致，说明稳健性检验有效。

（二）异质性分析

为深入分析数字经济赋能文化与旅游融合发展的地区差异性，对全国东部、中部、西部地区的样本数据分别进行回归分析，结果如表 4 - 4 所示。数字经济对文化与旅游融合发展质量的回归系数在东部、西部地区均呈显著为正值，而中部地区的数字经济对文化与旅游融合发展质量的回归系数为正值，但不显著。这说明，东部、西部地区的数字经济对文化与旅游融合发展具有正向赋能效应，而中部地区的正向赋能效应尚不显著。究其原因，东部地区的数字经济发展水平相对较高，互联网与数字基础设施相对完善，市场经济发展程度较高，文化与旅游融合发展已经进入创新驱动与数字驱动阶段，数字经济对其文化与旅游融合发展质量提升具有稳定的赋能效应；对于中部地区而言，历史文化底蕴深厚，山水景观资源丰富，文化与旅游业的融合处于快速上升时期，处于政策驱动与管理驱动阶段，区域经济发展水平、政策支持对文化与旅游融合发展质量提升的促进作用明显，数字经济尽管开始对文化与旅游融合发展产生正向作用，但尚不显著；西部地区技术经济发展水平和市场化进程相对于中西部地区而言，相对落后，拥有独特的文化旅游资源，文化与旅游融合发展处于要素驱动与市场驱动阶段，数字经济对文化与旅游融合发展质量的作用刚起步，数字经济能够为文化与旅游融合发展提供更加丰富、高效的资源整合与营销途径，因此，数字经济对文化与旅游融合发展的边际效应呈递增态势，具有显著的正向赋能效应。

表 4-4　　地区异质性分析

变量	东部地区 Eastern China	中部地区 Central China	西部地区 Western China
Index	1.080* (1.78)	0.323 (0.69)	0.370** (2.47)
PGDP	0.094* (1.79)	0.085* (1.89)	0.016 (0.27)
PT	0.422* (1.83)	0.423 (0.89)	0.674* (1.79)
PAY	0.098 (0.56)	0.059 (0.59)	0.091 (1.60)
PA	0.234*** (4.64)	0.253 (1.57)	-0.122 (-0.74)
KCA	0.027** (2.42)	0.228** (2.78)	-0.018 (-0.12)
DF	0.133* (1.68)	0.046 (0.36)	0.329*** (5.81)
Cons	0.274 (1.17)	0.118 (1.22)	0.138** (2.55)
观察值	77	56	77
个体效应	控制	控制	控制
时间效应	控制	控制	控制
R^2	0.299	0.745	0.461

注：括号中的数字为 t 统计量，*、**、*** 分别表示在 1%、5%、10% 的水平上显著。

从表 4-4 的控制变量看，能够有效印证上文对数字经济赋能文化与旅游融合发展质量提升的地区异质性分析。东部、中部地区的经济发展水平对文化与旅游融合发展质量呈显著正向促进作用，西部地区尚不显著；支付方式变革的作用均不显著；代表创新能力的有效专利和知识生产对东部地区的文化与旅游融合发展质量呈显著正向作用，对西部地区的作用不显著；有效专利对中部地区呈正向作用，但不显著，而知识生产则呈显著正向作用；互联网公共服务供给对各地区的文化与旅游融合发展呈正向作用，东部、西部地区显著，中部地区不显著。

（三）传导机制分析

为了实证检验数字经济赋能组织、技术和产品创新等促进文化与旅游融合发展质量提升的传导机制，借鉴温忠麟、叶宝娟（2014）等的研究，采用中介效应的三步法进行检验，构建如下中介效应模型：

$$C\&T_{it} = \alpha_1 + \eta_1 Index_{it} + \beta_1 Control_{it} + \lambda_i + \varepsilon_{it} \tag{4-2}$$

$$M_{it} = \alpha_2 + \eta_2 Index_{it} + \beta_2 Control_{it} + \lambda_i + \varepsilon_{it} \tag{4-3}$$

$$C\&T_{it} = \alpha_3 + \eta_3 Index_{it} + \gamma M_{it} + \beta_3 Control_{it} + \lambda_i + \varepsilon_{it} \tag{4-4}$$

其中，M_{it} 为中介变量，分别代表组织创新、技术创新和产品创新指标。数字经济通过组织创新、技术创新、产品创新等促进文化与旅游融合发展质量提升的中介效应检验步骤如下：第一步，对式（4-2）进行回归，其中 η_1 为数字经济对文化与旅游融合发展质量的总效应，若 η_1 不显著，则说明数字经济对文化与旅游融合发展质量没有影响或按遮掩效应立论；若 η_1 显著，则继续进行后续检验。表4-3中（1）列的回归分析结果显示，数字经济对文化与旅游融合发展质量的回归系数 η_1 显著为正值；为此，可以进入第二步。第二步，对式（4-3）进行回归，考察数字经济对各中介变量的影响，若 η_2 显著，进行第三步检验。第三步，对式（4-4）进行回归，检验数字经济与中介变量的系数是否显著，若 η_2 和 γ 均显著，则说明存在部分中介效应；若 η_2 显著，γ 不显著，则为完全中介效应。

首先，组织创新对数字经济赋能文化与旅游融合发展的传导效应分析。组织是促进文化与旅游实现要素、技术、市场与服务融合的物质载体，数字技术、数据资源、数字治理等对组织结构及运行机制创新产生着深刻影响。数字经济为组织创新带来了动力资源与技术支持。为了深入探究数字经济能否通过组织创新对文化与旅游融合发展产生间接赋能效应，选择中国科技发展战略研究小组联合中国科学院大学中国创新创业管理研究中心编写的历年《中国区域创新能力评价报告》中的组织获取知识的能力（*AAK*）作为组织创新的代理变量。表4-5中（1）列的回归结果显示，数字经济对组织创新的回归系数显著为正值，说明数字经济对文化与旅游组织的创新能力具有赋能效应；（2）列的第三步回归结果显示，数字经济和组织创新对文化与旅游融合质量的回归系数分别在5%和1%水平上显著为正，表明数字经济对文化与旅游融合发展质量既有直接赋能效应，又具有通过组织创新的间接传导机制效应。在控制变量方面，回归分析结果与前文的计量结果基本一致，不再赘述。

表4-5 机制检验

变量	(1) AAK	(2) C&T	(3) TU	(4) C&T	(5) PG	(6) C&T
Index	0.755* (1.81)	0.464** (2.07)	1.334*** (2.93)	0.456* (1.96)	9.196*** (4.75)	0.438* (1.80)
AAK		0.160*** (3.95)				
TU				0.097** (2.55)		
PG						0.016* (1.77)
PGDP	0.318*** (3.13)	0.006 (0.10)	0.058 (0.52)	0.051 (0.92)	0.299 (0.63)	(0.92) −0.257
PT	0.981*** (3.09)	0.113 (0.65)	0.162 (0.47)	0.286 (1.65)	−0.826 (−0.56)	0.257 (1.47)
PAY	0.051 (0.60)	0.025 (0.55)	0.014 (0.15)	0.031 (0.68)	0.525 (1.34)	0.024 (0.52)
PA	0.272** (2.31)	0.045 (0.71)	0.729*** (5.68)	0.018 (0.25)	3.632*** (6.66)	0.030 (0.42)
KCA	−0.097 (−0.81)	0.047 (0.74)	0.275** (2.11)	0.005 (0.07)	1.194** (2.16)	0.012 (0.19)
DF	−0.137* (−1.87)	−0.126*** (−3.21)	−0.232*** (−2.90)	−0.126*** (−3.07)	−1.005*** (−2.95)	−0.132*** (−3.20)
Cons	0.696* (1.70)	0.183 (0.83)	−1.315*** (−2.94)	0.421* (1.84)	−8.454*** (−4.45)	0.429* (1.80)
观察值	210	210	210	210	210	210
R^2	0.916	0.917	0.863	0.913	0.888	0.911

注：括号中的数字为t统计量，*、**、***分别表示在1%、5%、10%的水平上显著。

其次，技术创新对数字经济赋能文化与旅游融合发展的传导效应分析。技术创新是文化与旅游融合发展的产品、服务与管理质量提升的动力来源。数字技术、数字平台等通过提供强大的数据分析、预测与决策能力，赋能技术创新促进文化与旅游融合发展的产品设计、服务供给与价值链管理创新等。数字经济时代的大数据、云计算、人工智能等为文化与旅游融合发展的技术创新方向与内容提供了新思路、新途径。由于创新资源、创新能力是文化与旅游融合发展中技术创新供给的限制性因素，为了深入探究技术创新在数字经济赋能文化与旅游融合发展质量提升中的传导机制效应，选择各地区研发投入与技术改造经费支出（*TU*）为技术创新的代理变量。表4－5中（3）列的回归结果显示，数字经济对技术创新的回归系数在1%水平上显著为正，说明数字经济对技术创新具有正向促进作用；（4）列的第三步回归结果显示，数字经济和技术创新对文化与旅游融合发展质量的回归系数分别在10%和5%水平上显著为正，表明数字经济能够赋能技术创新促进文化与旅游融合质量提高，技术创新的间接传导机制效应存在。

最后，产品创新对数字经济赋能文化与旅游融合发展的传导效应分析。数字经济时代的文化旅游产品创新通过对生产与消费的时空衔接，促进文化与旅游融合发展质量提升。数字经济通过数据资源、数字技术、数字平台的应用，有助于打破文化旅游产品的时空束缚困境，通过有效实现供给侧与需求侧的协调催生质优价廉的产品创新，进而推动文化与旅游融合发展质量提升。为了系统探究产品创新在数字经济赋能文化与旅游融合发展质量的传导效应，选择各地区文化与旅游产业国内专利授予数量（*PG*）作为产品创新的代理变量。表4－5中（5）列的中介效应回归分析的第二步结果显示，数字经济对文化旅游产品创新具有显著的赋能效应；（6）列进一步的数字经济、产品创新对文化与旅游融合发展质量的回归分析结果显示，数字经济、产品创新的回归系数均在10%水平上显著为正值，说明产品创新具有显著的传导效应，数字经济能够通过赋能产品创新促进文化与旅游融合发展质量提升。

四、结论与启示

本章在对数字经济赋能文化与旅游融合发展进行文献梳理，进而探究数字经济对文化与旅游融合发展的直接赋能效应和通过赋能组织、技术和产品创新等渠道促进文化与旅游融合发展质量提升的间接传导机制的基础上，构建文化与旅游融合发展质量和数字经济发展水平评价指标体系，利用2012～2020年的面板数据进行实证检验，厘清了数字经济赋能文化与旅游融合发展的直接赋能效应和间接传导机制，初步得出以下结论：一是数字经济对文化与旅游融合发展具有正向赋能效应，该结论是以数字基础、数字技术、数字应用三个维度构成的综合指标，以及以电子商务销售额为工具变量进行回归和以数字普惠金融指数作为替代核心解释变量的稳健性检验中均得以验证成立；二是数字经济对文化与旅游融合发展质量提升的赋能效应存在显著的地区异质性特征。中国东部地区得益于数字经济发展水平较高而能够享受其发展红利，西部地区数字经济快速成长使其赋能效应呈现增长态势，对文化与旅游融合发展质量提升具有显著的赋能效应，而中部地区的数字经济对文化与旅游融合发展质量提升的赋能态势尚待增强；三是通过建构“数字经济—组织/技术/产品创新—文旅融合发展质量提升”的传导路径，发现数字经济可以通过促进组织创新、助力技术创新、推动产品创新等中介渠道赋能文化与旅游融合发展质量提升。

上述研究结论对数字经济时代推动文化与旅游融合发展质量提升具有重要的政策启示意义。首先，实施数字经济发展战略，培育文化与旅游融合发展新动能。各地区要结合文化与旅游资源禀赋优势，以提高数字经济发展水平为导向，加速数字经济赋能文化与旅游融合发展进程，让不同地区都能通过数字经济发展促进文化与旅游融合发展质量提升。一方面要切实将数据资源优势运用到文化与旅游行业的要素结构升级、服务过程优化与产品质量提升之中；另一方面要积极推动人工智能、大数据等数字技术与文化、旅游企业融合发展，通过旅游设备、管理系统等软硬件设施的智能化、网络化，在更高层次、更大范围实现精准生产经营、精准分工协作与精准服务体验。构建数字产业化与产业数字化双轮驱动的文化与旅游融合发展质量提升的赋能体系。

其次，科学打造智慧旅游平台，探索文化与旅游融合发展新机制。各地区结合数字经济发展基础，加快推进新型基础设施建设，通过建构科学的智慧旅游平台，健全文化、旅游各行业主体的价值共创机制，为文化与旅游融合发展质量提升提供机制保障。一是拓展数字经济应用场景，加快推进数字经济同文化、旅游业的深度融合，针对文化、旅游业发展特征、趋势及要求，打造科学、专业的“数字 + 文化 + 旅游”发展模式，充分发挥数字经济对文化与旅游融合发展的促进作用。二是搭建智慧旅游平台支持的价值共创体系。以智慧旅游的快速发展为契机，积极搭建文化旅游数字平台，为文化、旅游行业主体进行要素流动、信息传递、知识共享与价值共创提供平台。积极引导文化与旅游行业主体进行资源、技术、产品与服务的渗透与品质提升，助力文化与旅游融合发展质量提升。

最后，深化组织、技术、产品创新，塑造文化与旅游融合发展新优势。一方面，结合各地区文化旅游资源与数字经济发展态势，加强数字技术、数字平台赋能组织、技术与产品创新的整体布局。深入推进数字经济与文化旅游组织、技术、产品的深度融合，积极发挥组织、技术与产品创新对文化与旅游融合发展质量提升的传导效应。另一方面，拓展数字经济在文化与旅游融合领域的应用范围，加快数字经济与文化旅游资源开发、文化传承保护、要素禀赋、产品设计、营销宣传、服务设计等的深度融合，提升数字化管理能力，持续深化文化与旅游融合发展的数字经济含量。

本章的研究尚存在以下有待拓展之处：一是文化与旅游融合发展质量的测度方法和指标体系相对单一，如何完善测度方法及工具，优化指标权重和内容，是下一步研究亟待深化的内容；二是本章将文化与旅游融合视为“黑箱”被解释变量，而从价值链层面分析，文化与旅游融合发展包括互动延伸型、整合重组型、相互渗透型和业态创新等多种融合模式，下一步将区分不同类型模式的融合发展质量进行测度分析；三是基于数字来源限制，对数字经济赋能文化与旅游融合发展的研究单元为省级地区，未来研究有待于拓展到市域范围或者旅游企业层面。

第二节　我国红色旅游和红色文化的政策演进与内容评估

本章运用内容分析法对 2004 ~ 2022 年我国国家层面发布的 182 个有关红色文旅的政策文件进行结构统计分析，通过构建政策目标价值—政策工具—政策功能三维分析模型，全面评估我国红色文旅政策的演进历程与内容体系。

研究发现：一是红色文旅政策演进过程中具有“一核心、三阶段”的政策价值目标，长期目标为“传承红色基因、进行红色教育”，三个阶段的目标从体系构建向融合发展演进，进而在服务脱贫攻坚、乡村振兴等国家战略中推动了红色文旅高质量发展；二是红色文旅政策总体上呈前期稳步攀升，后期迅猛发展的趋势，政策发文部门多元化，政策制定越来注重部门之间的协同性；三是红色文旅政策工具呈现以环境型工具为主、供给型工具相对丰富、需求型工具不足的特点，红色文旅政策的目标价值、政策工具、政策功能长期特征具有统一性，阶段特征各有侧重。

一、引言

红色旅游、红色文化是落实“五位一体”总体布局和“四个自信”的重要载体，从2004年中央号召大力发展红色旅游、传承红色文化开始，经过三期规划和18年发展，红色文旅在传承红色基因、助力经济社会发展等方面取得了巨大成就，文化和旅游部统计数据显示，红色旅游年接待游客人数由2004年的1.4亿人次增加至2019年的14.1亿人次[①]。特别是，党的十八大以来，中央高度重视红色旅游发展、红色文化传承，习近平总书记强调，要把红色资源利用好，把红色传统发扬好，把红色基因传承好[②]，发展红色旅游要把准方向，核心是进行红色教育、传承红色基因[③]，这为新时代我国红色文旅政策制定提供了根本遵循。红色文旅在实现巨大成就过程中，一系列发展政策起到了重要作用。从2004年起，以中共中央办公厅、国务院、原国家旅游局、原文化部等国家机构为主体，陆续颁布了旨在推动红色旅游可持续发展、传承红色文化的专项政策或相关政策。在这一系列政策推动下，我国红色文旅发展现状如何？红色文旅政策实施的效果如何？红色文旅政策未来重点与方向在哪里？这些疑惑都需要通过对红色文旅政策的系统评估来

① 人民网．文旅部：2004年到2019年每年参加红色旅游人次从1.4亿增长到14.1亿［EB/OL］．［2021-03-23］．http://ent.people.com.cn/n1/2021/0323/c1012-32058203.html.

② 光明网．用好红色资源，总书记再次强调［EB/OL］．［2021-06-27］．https://politics.gmw.cn/2021-06/27/content_34953295.htm.

③ 光明网．发展红色旅游 推进文化强国建设［EB/OL］．［2020-12-11］．https://theory.gmw.cn/2020-12/11/content_34453531.htm.

解决。

政策工具是达成政策目标的手段，系统评估好已有红色文旅政策，才能做好新时代红色文旅发展的顶层设计，才能实现我国红色旅游高质量发展、红色文化的有效传承。2004～2022 年我国红色文旅政策的价值目标是什么？随着时间变迁红色文旅政策的价值目标是如何演进的？我国红色文旅政策工具的特点是什么？供给型、环境型、需求型工具有哪些侧重点和规律？以上问题都值得深入研究。基于此，本章运用内容分析法全面评估我国红色文旅政策的演进历程与内容体系。

二、文献回顾

红色旅游作为我国独特的旅游类型，2004 年以前的早期研究内容主要集中在爱国主义教育基地、博物馆建设、革命纪念馆管理等方面。全国红色旅游一期规划纲要出台以后，有关红色文旅专题研究的内容越来越多，主要包括产业发展、资源的开发利用与保护、对策研究、融合发展、创新扶贫等。随着红色文旅政策的陆续出台和执行，政策体系日趋复杂多元，为更好地制定和完善相关政策，对红色文旅政策的相关研究逐渐引起政府和学界的重视。目前，国内学者对红色旅游政策的研究较少，现有研究主要集中在三个方面：一是对红色文旅产业政策形成以及发展的研究。刘洁（2011）对河南信阳市红色产业政策进行了研究，通过归纳信阳市红色旅游产业政策的积极作用，提出了未来信阳市完善旅游产业政策的思路和目标以及具体的政策措施；刘永良（2018）以韶山为研究案例地，分析了韶山红色旅游基地发展的产业现状和政策现状，并对发挥韶山红色旅游基地政策作用、促进韶山红色旅游基地发展提出对策建议，目前这一类研究都是对某一具体案例地的应用型研究。二是对红色文旅政策的价值、功能方面的研究。刘红梅和冀陈伟（2016）研究了红色旅游政策的公共性，并提出了提升红色旅游公共政策公共性的对策及建议，此类研究较少，且多偏向于政策公共性研究，对红色旅游本身的关注则不够。三是对红色旅游政策演进和阶段性特征的分析。叶光宇和韩广富（2020）分析了红色旅游政策的阶段特征，将红色旅游政策划分为侧重于政府主导下的红色旅游发展框架与工作机制完善的基础夯实阶段，领域政策引导常态化、制度化的深化过渡阶段，领域政策引导常态化、制度化和多举措提升红色旅游标准化、精细化的全面推进阶段。陈柳蓉和王婧（2020）基于政策数量、主题内容、工具、主体、目标、效力和关键政策文本高频词的量化分析，从文化政策话语角度出发，归纳红色旅游政策的结构与文化政策话语分布，将红色旅游政策的演进发展阶段划分为国家话语把握绝对方向的缓慢发展阶段、市场话语凸显经济效益的稳定布局阶段、市民话语尊重产业规律的巩固成果阶段。这一类研究站在宏观角度，通过量化分析对红色文旅政策进行阶段性划分和特征剖析，但这一类政策仅局限在“旅游”，而忽视了其中“红色”的文化特性，选取样本具有局限性。政策工具作为政府治理的重要手段和途径，在很大程度上决定着治理的现代化水平。

在红色文旅政策制定过程中，政策工具选择和政策工具结构对政策的有效执行和政策目标的顺利实现均具有决定性的影响。政策工具分析是研究公共政策的有效途径和重要方式，常用于各领域的政策研究中，当前国内外对政策工具的创新研究多是从政策工具的分类与政策研究框架的搭建上出发的，不同领域的学者从这两方面出发对公共政策进行了大量经验性研究。在政策工具的分类方面，霍利特和拉梅什（1995）按照政策干预强度的强弱，将政策工具分为自愿型、强制型、混合型三种类型；国内学者王国华、李文娟（2019）在此基础上，结合我国网络媒体政策制定的特点，按照政府干预程度将我国网络媒体政策工具依次划分为强制型、调节型、社会型及自愿型四种。这种分类方式适用于国家干预强度区分明显的产业，对于以计划指导、环境影响为主的政策来说就略显不足。罗斯韦尔和塞哥菲尔德（1985）基于政策作用的切入层面以及政策作用的程度，将政策工具分为具有推动力的供给层面、具有拉动力的需求以及具有间接影响力的环境三种类型，这种分类方法是从产业经济学视角出发，同时也关注到了环境的影响力，对于如红色文旅这类国家干预强度不高，干预面较广，政策偏向环境建设的产业类型较为适用。基于这种政策工具分类方法，国内学者基于各产业政策特点，在研究过程中不断深化改进次一级的子分类项，衍化出了许多不同的次分类项。如唐晓云（2014）在供给、需求、环境层面基础上，将政策工具划分为人才政策、科技/信息支持、基础设施建设、资金投入、政府采购、服务外包、对外贸易管制、目标规划、金融政策、税收政策、法制管制、休假政策、签证政策以及其他 14 种，并基于此对中国旅游发展政策的演进进行了研究。此外，还有很多综合性的政策工具分类方法，如刘秀玲等（2018）提出的将政策工具划分为战略面、供给面、需求面、环境面、评估面五类，通过综合我国政策应用实际，发现了政策战略和评估的重要性，对我国旅游发展政策进行了研究。本书通过对红色旅游政策的初步研读分析，结合已有学者的分类方法，同样也对红色旅游政策工具的次级分类项进行了改进，建立了 22 项红色旅游政策工具次级项目库。

在政策分析框架的创新方面，学者的切入角度各有不同，主要包括政策主体、政策目标、政策工具、政策力度、政策措施等方面，根据研究内容与研究方向，搭建二维或三维的政策分析框架模型。向超、温涛（2021）以政策工具与政策目标为视角，搭建了宅基地“三权”分置政策分析的基本维度，以评估宅基地“三权”分置政策实施效果，这种以政策工具、政策目标为研究框架的研究模型在现今的政策研究中十分常见，是普适性较高的一种模型；李晓娣等（2021）运用政策工具—养老模式参与主体—创新价值链的三维分析框架，对我国养老产业政策进行了量化研究。这种模型充分考虑了养老产业在创新价值链方面的特点，将创新价值链纳入研究模型，对于研究我国养老产业政策的特殊性具有重要意义，因此本研究基于普适性较高的政策工具、政策目标二维模型，结合红色文旅政策特有的政策功能特点，将政策功能引入研究模型，建立了红色文旅政策目标价值—政策工具—政策功能的三维分析框架，基于此对我国红色文旅政策进行评估。

由于旅游涉及产业多、关联度高、带动作用强，因此，旅游领域也成为众多国家战略和政策的交汇点，近年来，国内学者对旅游产业政策的研究逐渐多样，对红色文旅政策演化的研究依旧相对较少，且鲜有学者从政策工具视角对我国红色文旅政策进行系统的量化分析。鉴于此，本章将分析 2004 ~ 2022 年党中央、全国人大、国务院、各部委等党和国家机关出台的红色文旅相关政策，构建政策目标价值—政策工具—政策功能三维分析框架，采用内容分析法探讨我国红色文旅的政策演进历程与特征，以期为新时代红色文旅政策的设计与优化提供支撑。

三、研究设计

（一）研究方法与数据来源

内容分析法（content analysis method）是一种基于定性研究的量化分析方法，它可以对文献内容进行客观量化研究，来测度衡量文献中本质性的事实和趋势。本研究采取内容分析方法，首先，从中国政府网、国家发展和改革委员会、文化和旅游部等11个国家层面的政府或部委官网及北大法宝等政策数据库中以“红色旅游”“红色基因”“红色文化”“革命文化”“革命精神”“革命遗址”等为关键词，收集红色文旅相关的政策文件。经过分析整理出主要由党中央、国务院及各部委等出台的2004～2022年红色文旅相关政策182份，建立红色文旅政策样本库；其次，对获取的政策文件按照颁布的时间顺序进行编号，以便归纳整理；最后，按照“政策编号－章节/具体条款”或“政策编号－章节－具体条款”对政策工具条文进行编码，建立红色文旅政策内容分析单元编码表①（见表4－6）。

表4－6　　红色文旅政策内容分析单元编码

政策编号	政策名称	颁布时间	内容分析单元	编码	政策工具
1	文化和旅游部办公厅、教育部办公厅、国家文物局办公室联合印发《关于利用文化和旅游资源、文物资源提升青少年精神素养的通知》	2022.2	推动红色旅游资源进校园。结合青少年特点，遴选适合进入校园的红色旅游资源，推动红色教育和学校课程有机融合。组织红色旅游“五好”讲解员、红色旅游金牌讲解员进校园开展党史故事宣讲，继续举办全国红色故事讲解员大赛、全国大学生红色旅游创意策划大赛等特色品牌活动，创新中小学生社会实践载体。组织优秀红色旅游演艺作品展演展播，联合中央广播电视总台推出《跟着书本去旅行》红色旅游短片	1－1	人才培养、意见引导、思想建设

① 因篇幅所限，红色旅游政策文本内容分析单元详细编码表简略，如需详细编码表可联系笔者获取。

续表

政策编号	政策名称	颁布时间	内容分析单元	编码	政策工具
60	新时代公民道德建设实施纲要	2019. 1	要继承和发扬党领导人民创造的优良传统，传承红色基因，赓续精神谱系	60 - 3 - 4	思想建设
120	国务院办公厅关于印发国民旅游休闲纲要（2013—2020）的通知	2013. 2	大力发展红色旅游，提高红色旅游经典景区和精品线路的吸引力和影响力	120 - 2 - 6	意见引导、精品示范
180	《2004—2010 年全国红色旅游发展规划纲要》	2004. 12	通过政府组织引导、社会积极参与和市场有效运作，加强重点项目建设，改进和完善薄弱环节，全面提升红色旅游开发和管理水平，促进红色旅游持续快速健康发展，使之成为加强和改进爱国主义教育的有效手段和促进革命老区经济社会协调发展的重要途径	180	目标规划、思想建设、精品示范、基础设施、法规制度、组织管理

（二）研究模型

根据罗斯韦尔和塞哥菲尔德（Rothwell and Zegveld，1985）的理论，本章将采用以供给、环境和需求为基本政策工具的政策工具分类方式。按照政策内容分析单元将 2004 ~ 2022 年红色文旅政策按照供给、环境、需求三大基本类，细分为供给型的资金投入、人才培养、信息支持、基础设施、组织管理、公共服务、基地建设、精品示范和产品开发等具体政策工具；环境型法规制度、目标规划、金融支持、税收优惠、行政性措施、模范创建、思想建设、规范检查等具体政策工具；需求型的政府采购、合作交流、价格指导和活动组织等次级政策工具项目。

在政策演进的不同阶段存在不同的政策目标，不同的政策目标其实现的政策工具也存在差异。合理的政策体系需要政策主体在制定和执行政策的过程中将政策工具与政策目标有机结合，以最大限度地实现政策效果。红色旅游区别于其他专项旅游，除以社会效益为主的政治功能外，还具有经济、文化、民生等功能，不同政策阶段功能的实现也略有侧重。因此，本章将红色文旅政策功能也纳入政策分析框架，构建了基于政策目标价值—政策工具—政策功能的红色文旅政策演进趋势分析模型（见图 4 - 2），以更全面探究我国红色文旅的发展和演进历程。

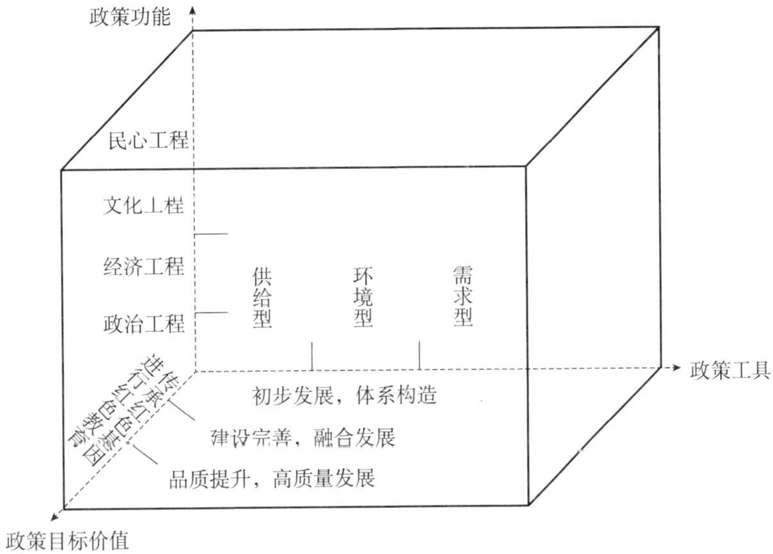

图4－2　红色文旅政策三维分析模型

四、研究结果分析

（一）政策目标价值分析

政策目标价值是政策制定实施的目的，同时也指导着政策的制定与实行。红色文旅政策目标价值可总结为一核心三阶段，一核心指我国红色文旅具有一个核心主题，即传承红色基因、进行红色教育这一贯穿红色文旅发展始终的长期目标；三阶段指我国红色文旅发展具有三个阶段性主题，每个阶段红色文旅目标的侧重有所不同，即“初步发展，体系构建”“建设完善，融合发展”“品质提升，高质量发展”三个短期目标。红色文旅政策尽管在红色文旅发展和演进过程中不断适应着国家阶段性的战略方针，在不同阶段往往侧重呈现着不同的价值目标，但统一的长期目标与阶段性侧重不同的短期目标都很重要，共同指导着我国红色文旅的发展进步。

1. 红色文旅政策的长期目标

从长期来看，红色文旅政策的政策目标价值有一个长期的主题，即因其特有的文化教育功能而体现的坚持弘扬革命精神，进行爱国主义教育功能。对党员干部而言，进行革命传统、革命精神的教育有利于加强党性教育，促进党政廉洁；对大中小学生而言，红色文旅有利于进行爱国主义教育，全面提高思想认识，形成坚定信念；对于全民而言，红色文旅有利于培育社会主义核心价值观，提高全体国民素质与精神文化水平。2004 年 9 月，国家发改委、教育部、文化部、共青团等 9 部委联合印发的《关于加强和改进爱国主义教育基地工作的意见》就率先提出，要动员社会各方面力量，关心和支持教育基地的工作。组织部门、党校和行政学院要把教育基地作为干部培训的重要场所，对广大党员特别是领导干部进行革命传统、革命精神的教育。教育行政部门要结合教学安排，组织各级各类学校学生到教育基地参观学习。旅游部门要以革命纪念设施类教育基地为依托，精心设计旅游线路，组织开展“红色旅游”。2013 年 12 月，中共中央办公厅印发的《关于培育和践行社会主义核心价值观的意见》指出，开展革命传统教育，加强对革命传统文化时代价值的阐发，加强爱国主义教育基地建设，形成实体展馆与网上展馆相结合、涵盖各个历史时期的爱国主义教育基地体系。推进公共博物馆、纪念馆、爱国主义教育基地和文化馆、图书馆、美术馆、科技馆等免费开放，积极发展红色旅游。2020 年 9 月，中共中央办公厅印发《关于巩固深化“不忘初心、牢记使命”主题教育成果的意见》，再次强调要就近就便用好红色资源、党性教育基地等，开展革命传统教育，传承红色基因，激发前行动力。2021 年 10 月，《求是》杂志刊发习近平总书记的重要文章《用好红色资源、赓续红色血脉，努力创造无愧于历史和人民的新业绩》，强调继往开来，开拓前进，把革命先烈流血牺牲打下的红色江山守护好、建设好。因此，长期以来，传承红色基因、进行红色教育始终是我国红色文旅政策目标价值的核心主题。

2. 红色文旅政策的阶段目标

(1)“初步发展，体系构建”阶段（2004 年 6 月至 2008 年 8 月）。

2004 年初，按照中央关于加强思想道德建设的总体部署，国家旅游局开始对发展红色旅游进行专题调研，6 月发布的《关于推进发展红色旅游工作意见的报告》提出要发展我国红色旅游。同年，国家发改委，中宣部、文化部、共青团等 10 部门联合发布《关于加强和改进爱国主义教育基地工作的意见》，再次指出旅游部门要以革命纪念设施类教育基地为依托，精心设计旅游线路，组织开展红色旅游。12 月，中共中央办公厅、国务院办公厅联合下发《2004—2010 年全国红色旅游发展规划纲要》，就发展红色旅游的总体思路、总体布局和主要措施作出明确规定。这一阶段红色文旅政策的任务是建设红色旅游精品体系，红色旅游配套交通体系，红色旅游资源保护体系、红色旅游宣传推广体系、红色旅游产业运作体系。2008 年 9 月，国家发展和改革委员会等 14 部门联合印发《关于进一步促进红色旅游健康持续发展的意见》指出，《2004—2010 年全国红色旅游发展规划纲要》颁布实施以来，全国红色旅游已初具规模、渐成体系，工作框架基本形成，未来需要加快提升红色旅游发展质量，推进红色旅游融合发展，这标志着红色旅游发展进入了新阶段。因此，我们将原国家旅游局发布的《关于推进发展“红色旅游”工作意见的报告》和国家发改委等 14 部门联合印发的《关于进一步促进红色旅游持续发展的意见》作为节点，将红色旅游发展第一阶段的时间划定为 2004 年 6 月至 2008 年 8 月，这一阶段的红色旅游目标是初步发展红色旅游，构建红色旅游体系框架。

（2）“建设完善，融合发展”阶段（2008 年 9 月至 2015 年 10 月）。

2008 年 9 月 12 日，国家发改委、中宣部、财政部、国家旅游局、前文化部等 14 个部门联合印发《关于进一步促进红色旅游健康持续发展的意见》，提到在前一阶段全国红色旅游已初具规模、渐成体系，工作框架基本形成，未来需要进一步深化认识、提升质量、强化宣传、加大投入、健全机制，加快提升红色旅游发展质量，推进红色旅游融合发展。2009 年 12 月，国务院印发的《关于加快发展旅游业的意见》中指出，继续发展红色旅游，中央政府投资重点支持中西部地区重点景区、红色旅游、乡村旅游等的基础设施建设。2011 年中共中央办公厅、国务院办公厅再次联合下发《2011－2015 年全国红色旅游发展规划纲要》，更是明确了下一阶段红色旅游发展的主要任务是丰富红色旅游内容，完善红色旅游景区体系，转变红色旅游发展方式，创新红色旅游体制机制。2012 年，国务院印发的《服务业发展“十二五”规划》中提道，重点推进红色旅游发展，推进实施《2011－2015 年全国红色旅游发展规划纲要》，继续加大红色旅游基础设施投入，深化红色旅游经典景区、精品线路、重点旅游区建设，加强红色旅游与其他旅游产品的结合，完善配套服务，提高红色旅游经典景区和精品线路的吸引力和影响力。因此，以国家发改委等 14 部门印发《关于进一步促进红色旅游健康持续发展的意见》为节点，将2008年9月至2015年10月作为红色文旅发展的第二阶段，这一阶段目标是要实现红色文旅整体提质升级、融合发展。

（3）“品质提升，高质量发展”阶段（2015年11月至今）。

为了推进中国式现代化，建设文化强国，一方面我国要确保到2020年农村贫困人口实现脱贫，完成全面建成小康社会的艰巨历史任务；另一方面，进入2021年后我国围绕革命老区发展、乡村振兴、文化传承等国家战略，积极推动红色旅游高质量发展。2015年11月29日，中共中央、国务院发布了《关于打赢脱贫攻坚战的决定》，提到要加强贫困地区乡风文明建设，支持贫困地区挖掘保护和开发利用红色、民族、民间文化资源。2016年中共中央办公厅、国务院办公厅联合下发的《2016－2020年全国红色旅游发展规划纲要》中提道，这一阶段红色旅游的发展目标是红色文化有效传承，革命精神广泛弘扬，经济社会综合效益明显增强，红色旅游实现内涵式发展，主要任务之一是要积极发挥红色旅游脱贫攻坚作用。2016年12月7日，国务院印发的《“十三五”旅游业发展规划》中指出，要积极发挥红色旅游脱贫攻坚作用，引导革命老区群众因地制宜发展适合老区的种养业和特色手工业，开发特色旅游商品，培育富有红色文化内涵的旅游品牌。2017年1月10日，国家旅游局发布《红色旅游经典景区服务规范》，旨在从设施服务、游览服务、配套服务、管理服务、持续发展等方面提升红色旅游经典景区服务品质。2018年中共中央办公厅、国务院办公厅印发的《关于实施革命文物保护利用工程（2018—2022年）的意见》中强调，要打造红色旅游品牌，推出一批研学旅行和体验旅游精品线路，促进革命老区振兴发展。2022年1月，国家发展改革委会同文化和旅游部、国家文物局印发《推动革命老区红色旅游高质量发展有关方案》，着眼于“十四五”时期革命老区用活用好各类红色资源，积极发展红色旅游，适用范围为国家明确的12个革命老区及全国其他革命老区县市。2022年6月，国家发展改革委印发《革命老区重点城市对口合作工作方案》，衔接推进乡村振兴和新型城镇化，激发内生动力和发展活力。2015年后红色旅游除了品质提升之外，还承担了包括扶贫攻坚、乡村振兴等高质量发展的历史任务，因此，以2015年11月中共中央、国务院办公厅发布的《关于打赢脱贫攻坚战的决定》为节点，将2015年11月至今作为红色文旅发展的第三阶段，这一阶段政策目标是实现红色文旅品质提升，以红色文旅高质量发展助力脱贫攻坚、乡村振兴等新时期国家战略。

（二）红色文旅政策演进体系

红色文旅政策数量上总体上呈前期稳步攀升，后期迅猛发展的趋势，从红色文旅发展的阶段性主题来看，在红色文旅“初步发展，体系构建”的第一阶段，红色文旅发展还处于一个探索萌芽阶段，国家层面发布的政策数量较少，政策文件数量共32个，这一阶段政策文件年均数量为8个。第二阶段为红色文旅“建设完善，融合发展”阶段，这一阶段我国的红色文旅已经初具规模，渐成体系，可从全国范围上来看，红色文旅发展的环境还不完善，红色文旅产品还比较单一，红色文旅开发的投入支持力度还极为有限，需要进一步提升红色文旅产品质量、推进红色文旅融合发展、健全红色文旅发展体制机制，促进红色文旅在全国范围内高质量可持续发展。这一时期国家层面的红色文旅政策文件总量为45个，年均政策数量为6.4个，前两个阶段我国红色文旅发展稳中求进、健康发展的发展态势。第三阶段为红色文旅“品质提升，高质量发展”阶段，这一阶段红色文旅的核心任务就是红色文旅实现品质提升、内涵发展，以及帮助贫困的革命老区、乡村地区脱贫致富、乡村振兴等。这一阶段的政策文件显著增多，政策总量为105个，年均政策数量为15个，占政策总量高达57%，其中2020年发文数量最多，多达42条。从红色文旅发展的长期目标来看，我国红色文旅政策的传承红色基因、进行红色教育的政策目标明显，涉及这一核心目标价值的政策总量高达93个，年均值为5.2个，是我国红色文旅发展的核心主题与长期目标（见表4－7）。

表4－7　红色文旅政策阶段颁布数量

阶段	初步发展 体系构建	建设完善 融合发展	品质提升 高质量发展	传承红色基因 进行红色教育
时期	2004.6～2008.8	2008.9～2015.10	2015.11～2022.12	2004～2022
时长（年）	4	7	7	18
政策总量（个）	32	45	105	93
年平均值（个）	8	6.4	15	5.2

资料来源：笔者整理。

红色文旅政策发文部门呈现多元化，政策制定的部门协同特征显著。红色文旅政策演进的各个阶段，发文部门都呈现出多元化的特征，部门间联合发文的情况普遍。旅游是一个综合性强的产业，红色旅游作为承担政治教育功能的特色产业，受众面向全民，需要更多部门之间的配合。如2004年中宣部、中央文明办、国家发展改革委、教育部、民政部、财政部、文化部、全国总工会、共青团中央、全国妇联等10部门联合发布的《关于加强和改进爱国主义教育基地工作的意见》；2008年国家发展改革委、中宣部、财政部等14部门联合印发的《关于进一步促进红色旅游健康持续发展的意见的通知》；在2016年有18个部门针对红色文旅发布的相关政策文件等。

（三）政策工具分析

我国红色文旅政策综合使用了供给型、环境型、需求型三类政策工具，通过对182份红色文旅政策文件进行梳理得出，环境型政策工具使用最多，数量为158条，占比为44.6%；供给型政策工具使用次之，数量为124条，占比为35.0%；需求型政策工具数量最少，数量仅为72条，占比为20.3%。总体来看，我国红色文旅政策工具内部结构基本合理，红色文旅政策总体上以政府直接引导为主。

1. 环境型政策工具占主导地位

环境型政策工具的使用最多、占比最高，由于我国红色文旅发展起步较晚，2004年至今，政府多选择采用各类型的环境型政策工具为红色文旅发展营造适宜的外部环境。首先，在各类环境型基础政策工具中思想建设、意见引导、目标规划这三种政策工具使用率最高，在环境型政策工具中分别占比33.5%、29.7%和15.2%，思想建设主要表现在政府通过发挥红色旅游的文化教育功能来进行红色文旅的氛围营造，在全社会营造传承红色基因、弘扬革命精神的环境氛围；同时，针对红色文旅的发展前景与方向，政府还通过提供政策指导意见来引导红色文旅持续健康发展，制定阶段性目标规划，从方向上掌好舵。其次，模范创建（8.9%）、法规制度（5.1%）、规范检查（2.5%）、行政性措施（2.5%）几种政策工具也应用得当，政府通过模范创建、建立法规制度、规范检查、行政性措施等软性激励和硬性法规、专项检查相结合的方式，既发挥模范榜样人物的带头作用，又能以强制手段约束市场，共同形成良性市场环境；金融服务（1.3%）、税收优惠（1.3%）是环境型政策中使用较少的两种政策工具，是政府通过鼓励社会金融机构扶持红色文旅相关产业，或者直接为经营红色企业提供税收减免，为红色文旅发展提供良好的金融环境，间接刺激红色产业发展。政府在引导红色文旅发展过程中，干预面广、干预强度较弱，侧重从环境影响力方面干预红色文旅的总体发展，将充分发展的可能留给市场，这与中国特色社会主义市场经济制度的要求相一致，政府把控全局，将更多的话语权留给市场与旅游者，以推动红色文旅持续健康发展。

2. 供给型政策工具相对丰富

供给型政策工具在整个政策工具体系中占比为35%，相较环境型政策工具使用较少，但两者差距并不显著，从该政策工具内部结构来看，政府最为重视基础设施、精品示范与产品开发，占比分别为22.5%、19.8%和19.5%。因为我国红色资源富集的地区往往处于经济条件相对较差的革命老区，基础设施不完善，政府便倾向于先完善交通、水电等基础设施，再进一步开发红色文旅产品，通过红色文旅基地建设和红色文旅经典景区、重点景区以及示范区的创建来丰富红色文旅供给。相较之下，信息支持（4.0%）、组织管理（4.8%）、资金投入（5.6%）、人才培养（6.3%）、公共服务（7.1%）等政策工具使用较少，但信息与人才为红色文旅发展提供智慧与技术保障，资金与管理为红色文旅产业运营提供基础条件，公共服务对促进地区整体服务水平提升具有重大作用，作为民心工程实现的途径必不可少。在红色文旅发展的实际过程中，来自政府供给的资源与产品其实十分有限，但也是必不可少的。政府为红色文旅的发展所输出的供给，一方面是政府承担公共服务的内容，是红色文旅发展的基本保障；另一方面也是政府支持红色文化事业的体现，因为红色旅游作为文化事业的一部分，具有其“文化性”“事业性”的特征，为社会提供丰富的红色精神文化产品，满足人民群众对文化生活的多种需求，保障人民基本文化权益，政府发展红色旅游也是在发展红色文化事业。

3. 需求型政策工具相对使用不足

需求型政策工具在基础政策工具中占比为20.6%，使用频次最低，在供给型、需求型、环境型三大类政策工具中相对使用不足。在需求型政策工具中，活动组织占到 66.7%，合作交流、政府采购和价格指导占比分别为 19.6%、8.3%和 5.6%。对待红色文旅，政府通过组织各类红色文旅主题活动，如“青年红色筑梦之旅”等各类红色教育培训、学习实践、竞赛宣传活动，或者组织引导党员干部、学生等团体前往红色基地调研培训、学习参观，创造红色文旅需求；同时，通过国际、区际、部门团体间的交流合作来促进红色文旅产业发展，指导红色文旅产品定价，免费开放红色博物馆、纪念馆、爱国主义教育基地，或针对老年人、军人、学生、残疾人等一些特殊群体提供优惠。红色文旅因为既具产业性，又具事业性的特征，其需求既可以通过市场产生，同时也能作为政府、学校、企事业单位、社会组织等思想教育、党政教育的需求产生，相比较其他类型的文旅产业，红色文旅具有一部分相对稳定的客源群体，因而未来对需求型政策工具还需要不断加强。

（四）政策工具目标价值分析

“初步发展，体系构建”阶段政策工具使用频次最少，仅仅 59 条，占全部政策工具的 16.7%。其中，环境型政策工具运用比例最高，达到 47.5%，其次为供给型和需求型政策工具，占比分别为 32.0%和 20.3%。这一阶段国家与政府将红色文旅发展重点放在了良好产业环境构建方面，因而主要侧重对环境型政策工具的应用。“建设完善，融合发展”阶段政策工具使用增多，为 98 条，占全部政策工具的 27.7%，这一阶段依旧是环境型政策工具应用比例最高，达到 46.9%，但这一阶段供给型政策工具相对增加，占比 38.8%，需求型政策工具相对下降，占比 14.3%。这一阶段国家与政府依旧注重对红色文旅政策环境的改进，但随着市场需求水平的不断提升，市场对红色文旅产品、服务、管理、人才等方面都有了更高需求，因而供给型政策工具使用增加以满足新市场需求。“品质提升，高质量发展”阶段这一时期政策工具运用总体频次最多，共 197 条，占全部政策工具的 42.6%，这一时期各类型政策工具使用相对协调，供给型与需求工具占比分别为 34.0%和 23.4%。政策工具使用的协调是产业政策相对成熟的表现，经过了前期的积累，这一时期红色文旅政策更加全面，因而政策工具的应用也更加均衡。如表 4-8 所示。

表 4-8　　政策工具目标价值维度分析

发展阶段	供给型		环境型		需求型		总计（条）	占比（%）
	数量（条）	占比（%）	数量（条）	占比（%）	数量（条）	占比（%）		
初步发展 体系构建	19	32.0	28	47.5	12	20.3	59	16.7
建设完善 融合发展	38	38.8	46	46.9	14	14.3	98	27.7
品质提升 高质量发展	67	34.0	84	42.6	46	23.4	197	55.6
总计	124	35.0	158	44.6	72	20.3	354	100.0

资料来源：笔者整理。

（五）政策功能目标价值分析

红色文旅是坚定中国特色社会主义共同理想信念的政治工程，是弘扬民族精神、加强思想道德建设的文化工程和促进革命老区经济社会发展、造福百姓的经济工程、民心工程。红色文旅的功能通过政治工程、经济工程、文化工程、民心工程来充分发挥。从红色文旅政策演进的整体阶段来看，我国当前红色文旅政策主要发挥的是其文化工程、经济工程作用，分别占政策内容分析单元的 93 条、74 条，直接涉及政治工程与民心工程的内容较少，大多隐含在经济和文化工程中，分别为 22 条和 12 条。传承红色基因，弘扬革命精神、加强思想道德建设是红色文旅的主要目标，扶贫攻坚、改善革命老区经济条件、造福于民是红色文旅政策的重点目标。按照红色文旅政策演进的 3 个阶段来看，第一阶段和第二阶段红色文旅政策的功能目标偏向于经济工程的构建，红色文旅的产业性特征更加突出，经济工程目标占比分别为 41.7% 和 59.6%，第三阶段偏重文化工程的构建，红色文旅的事业性特征更加明显，文化工程目标占比 55.4%，随着红色文旅产业的完善，人民对精神生活的需求日益提升，红色文旅承担的文化传播、文化教育功能也愈加重要，因而政府对红色文旅发挥弘扬民族精神、践行社会主义核心价值观以及全民思想教育功能具有更高的要求。如表 4-9 所示。

表 4 –9　　政策功能目标价值维度分析

发展阶段	政治工程		经济工程		文化工程		民心工程		总计（条）
	数量（条）	占比（%）	数量（条）	占比（%）	数量（条）	占比（%）	数量（条）	占比（%）	
初步发展体系构建	5	20.8	10	41.7	8	33.3	1	4.1	24
建设完善融合发展	2	4.3	28	59.6	13	27.7	4	8.5	47
品质提升高质量发展	15	11.5	36	27.7	72	55.4	7	5.4	130
总计		22		74		93		12	

资料来源：笔者整理。

五、结论与讨论

（一）研究结论

1. 红色文旅政策的目标价值、政策工具、政策功能长期特征具有同一性

从长期来看，红色文旅政策演进过程中政策的目标价值、政策工具、政策功能长期特征明显，具有同一性。首先，红色文旅政策目标价值始终以传承红色基因，进行红色教育为核心主题，在红色文旅发展的各个阶段始终贯穿其中。其次，红色文旅政策的功能始终以文化功能为重点，这一点与红色文旅传承红色基因，进行红色教育的长期目标相一致。可以说，红色文旅发展的初衷其实不在“旅游”，而更侧重于“教育”，随着我国综合国力的不断提升，文化建设也变得越来越重要，弘扬红色精神、传播红色文化，对于当代中国人铭记历史、不忘过去，增强民族自信、文化自信具有重要意义，对我们发展中国社会主义文化、建设社会主义文化强国至关重要，因此红色旅游一直以文化功能为主，而对其作为政治工程与民心工程的功能往往甚少强调，而是通过经济工程、文化工程功能的发挥而实现。最后，红色文旅政策的政策工具始终以环境型政策工具为主，其次为供给型政策工具，需求型政策工具应用最少，这说明我国以政府主导为主的红色文旅政策侧重从宏观环境出发，改善红色文旅整体发展环境，同时重视发挥市场的调节作用，通过增强供给与制造需求来推动红色文旅市场优化升级。

2. 红色文旅政策的目标价值、政策工具、政策功能阶段特征各有侧重

从红色文旅政策的政策目标价值、政策工具、政策功能三个维度进行分

析，研究发现国家在红色文旅政策颁布过程中有明显的政策目标导向，这种政策目标导向在红色文旅发展过程中也在不断地进行调整，具体就表现为政府政策的演进。在红色文旅发展的第一阶段，红色文旅还处于初步发展期，政策目标价值为红色产业的体系构建，这一阶段红色文旅政策功能主要为其经济功能和文化功能的实现，运用的政策工具也以环境型政策工具为主，环境型政策工具的使用要明显多于供给型、需求型政策工具的使用。这一时期国家希望通过为红色文旅营造良好的市场环境来发挥红色文旅带动地区经济发展，加强思想道德教育，提高公民对全面建设小康社会和实现中华民族伟大复兴的责任感与使命感；在红色文旅发展的第二个阶段，红色文旅产业体系框架已经基本构成，政策的目标价值为红色文旅与其他产业的融合发展，整体提升产品质量和服务质量，推进红色文旅协同发展、可持续发展、健康发展。这一阶段红色文旅政策功能依旧侧重其经济功能和文化功能的实现，但更偏重其经济功能的发挥运用，政策工具依旧以环境型政策工具为主，但供给型政策工具使用比例增加，政府希望通过红色文旅融合发展来提供更丰富、更高质量的红色文旅产品，进而达到其带动地区经济发展的作用。在红色文旅发展的第三阶段，红色文旅政策的目标价值为提升红色文旅发展品质，助力国家打赢脱贫攻坚战，消除贫困、改善民生、助力乡村振兴，逐步实现共同富裕。这一时期红色文旅政策功能侧重于文化和经济功能，集中表现在对青少年、学生群体、党员干部的爱国主义教育、廉洁教育，推动革命老区经济发展，政策工具以环境型政策工具为主，供给类、需求类、环境类政策工具应用的结构比例更加平衡，红色文旅发展内涵不断提高，红色文旅实现从外部输血到内部造血的可持续发展。

红色文旅同时具备产业的经济性与事业的公共服务性是红色文旅区别于其他产业、其他文旅类别的根本特点，因此，红色文旅政策才呈现出不同于其他公共政策或文旅政策的文化功能。红色文旅政策的三个发展阶段是红色文旅产业不断改进升级的发展过程，红色文旅政策在红色文旅发展过程中不仅为红色产业的发展导航掌舵，同时还承担着作为旅游产业的经济功能、扶贫功能以及教育功能，红色文旅在国家与政府的政策指导、市场的需求调节中有序发展。

（二）讨论与建议

红色文旅作为加强爱国主义教育和践行社会主义核心价值观的重要载体，是党中央为加强思想道德教育、弘扬革命精神、促进老区经济发展、巩固党的执政地位做出的重大战略决策，是党中央一直高度关心和重视的政治工程、经济工程、文化工程、民心工程。长期以来，红色文旅工作都将坚持社会效益放在首位，通过文化工程保护和弘扬革命文化，加强革命文物保护，挖掘红色文化内涵，结合青少年思想道德建设、党团学习教育，推进爱国主义和革命传统教育大众化、常态化。通过经济工程整合贫困地区和革命老区红色资源，以精准扶贫、乡村振兴带动了地区经济持续稳定增长，促进当地老百姓生活水平明显改善，发挥红色文旅的脱贫富民功能。通过政治工程坚定理想信念，弘扬了社会主义核心价值观，凝聚了中国特色社会主义共同理想和信念。通过民心工程建设凝聚了广泛的社会共识，为中华民族伟大复兴注入了强大的精神动力。充分发挥其文化教育、扶贫富民、凝聚民心的社会效益，实现政治效益、经济效益、社会效益相统一。

在文化和旅游融合的背景下，对于兼具旅游产业性与文化事业性的红色文旅，未来如何更好统筹红色旅游高质量发展和红色文化传承，是红色文旅政策亟待解决的问题。未来红色文旅发展需要挖掘红色文化内涵、开发年轻人喜爱的红色文旅产品，寓教于乐，寓教于游，平衡好红色文旅产品的公共性和经济性关系，实现红色文旅产业、事业双赢。在红色文旅政策演进过程中，政策工具内部结构仍存在不平衡的状态，在政策工具方面表现为需求型政策工具使用不足，导致红色旅游可持续发展动力不足，社会参与主体不够广泛，未来需要从政策角度兼顾政策工具与政策功能内部结构的均衡协调，持续提升青少年主动参与热情，推动红色文旅可持续健康发展。

第三节　我国红色旅游与红色文化融合发展的现实评价*

本节基于文化和旅游融合发展的相关理论分析基础，用 2001～2020 年全

---

* 该部分由韩元军、雷茵茵（河南师范大学旅游学院硕士研究生）等共同完成。

国18个红色旅游重点城市所在的14个省份的面板数据，求出各省份所占权重及耦合协调程度，测算我国红色旅游和红色文化的协调发展状况。结果显示：江苏、浙江、山东20年的耦合协调度均值表现为勉强协调，四川、河南、福建20年的耦合协调度均值整体程度为濒临失调，湖南、湖北、河北、安徽、陕西、广西、江西表现为轻度失调，贵州为中度失调。总体来看，近年来整体趋势呈稳步上升趋势，整体水平仍较低。政府应加强对文化产业和旅游产业的政策支持，以促进文化产业和旅游产业融合协调发展。

红色文化是党在领导全国人民实现民族独立与国家富强的历史过程中不断凝聚起来的以马克思主义中国化为主要核心要义的红色精神与红色遗存。红色文化可以获得一般旅游景点无法提供的精神层面的文化旅游体验，游客在红色文化旅游的过程中，可以同时接受红色文化的精神熏陶与政治教育。在当前国际背景下，促进红色旅游高质量发展，红色文化旅游高质量发展，对扩大国内文化旅游消费，畅通国内大循环，形成以国内大循环为主体、国内国际双循环相互促进的新发展格局有着十分重要的意义。从全国范围来看，红色文化旅游越来越受到重视，其发展势头方兴未艾。各地各部门高度重视红色文化教育，极大地激发了红色文化旅游的活力，各地红色景区迎来了红色文化旅游蓬勃发展的新契机。不断发掘承载政治、经济、文化、历史等多重价值的红色文化，向世人展示我国崭新的时代风貌是弘扬红色文化，彰显革命精神，充分提升红色文化深刻内涵及精神特质与时代特征推进我国经济发展、政治稳定、文化繁荣、社会和谐与生态文明发展的战略举措，是加强爱国主义教育思想道德建设与革命传统教育的一项体现。基于此，本节以全国18个重点红色旅游城市所在的省份为研究样本，分析文旅融合契机下红色文化旅游高质量发展的路径选择，打造红色文化旅游带。14个省份跨越中国西部、中部、东部等地，其自然资源与文化景观得天独厚，地域风情特色突出。文旅产业协调发展有利于讲好中国故事、延续黄河文脉、弘扬民族精神，也顺应国家生态保护和高质量发展战略。因此，推进我国红色文旅产业协调发展具有重要的理论意义与现实意义。

文化产业与旅游产业，有着较强的市场关联度以及天然的耦合性。文化和旅游业素来有“绿色产业”“幸福产业”之称，文旅融合发展则有利于打造公共空间，增强居民的归属感、获得感。国外学者罗森伯格早在1963年就立足于产业技术变化，提出产业融合思想。1986 年，于光远先生在论述文化和旅游的关系中指出，两者互相依托、彼此共融。2018 年，文化和旅游部成立，推动文化和旅游融合发展的研究迅速上升为学术热点。目前，文旅融合发展的相关研究主要集中在三个方面：一是在研究内容上，袁俊等（2011）基于产业融合理论与产业链理论，将互动发展模式概括为旅游新产品模式、新型旅游营销模式以及文化产业景点化模式三种。石艳（2012）从产业关联、技术创新、政府管制具体阐述了文旅深度融合的过程。周春波（2018）运用面板计量方法，对文旅融合动力进行了实证分析。麻学锋等（2010）系统构建了其他产业与旅游产业的具体融合路径。二是在区域选择上，除全国、省域、市域外，还包含对跨区域文旅融合的测量，如侯兵等（2017）利用熵值法，分析了长三角核心区 16 个城市的文旅融合发展水平及发展类型。三是在融合度的测量及影响因素上，张琰飞等（2012）基于省际面板数据，采用计量方法检验了 31 省份的耦合协调关系，吴丽等（2021）在耦合协调度测量基础上，对其空间分异规律进行探索。已有研究在构建文旅产业指标体系，探索协调水平方面进行了深入的探索。

综上所述，文化产业与旅游产业融合发展在理论和实证方面都具有深厚基础，但对于红色文化和旅游的耦合协调发展研究鲜少。基于此，本节以 18 个红色旅游重点城市所在的 14 个省份为研究对象做实证研究，运用耦合协调度模型，分析 2001 ~2020 年我国红色文旅产业的耦合协调发展水平，考察红色旅游的耦合协调发展程度。以期为我国红色文旅产业的长远健康发展提供借鉴。

一、研究方法与指标体系构建

（一）研究方法

1. 熵权法

本研究用熵权系数法对红色文旅融合的各项指标赋予权重。由于各指标的量纲、数量级均有差异，首先对数据进行标准化处理。本研究的各项指标均为正向指标，其标准化方法为：

$$X_{ij}' = (X_{ij} - \min X_j) / (\max X_j - \min X_j) \qquad (4-5)$$

其中，X_{ij}' 和 X_{ij} 分别为第 i 年第 j 项单项指标标准化后的值和原始值，$\max X_j$ 和 $\min X_j$ 分别为所有年份中第 j 项单项指标的最大值和最小值。

计算第 i 年份第 j 项指标的比重：

$$Y_{ij} = X_{ij}' / \sum_{i=1}^{m} X_{ij}' \tag{4-6}$$

其中，m 为评价年数。

指标信息熵的计算：

$$e_j = -k\sum_{i=1}^{m}(Y_{ij} \times \ln Y_{ij}) \tag{4-7}$$

式（4－7）中，令 $k = \frac{1}{\ln m}$，则 $0 \leqslant e_j \leqslant 1$，且当 $Y_{ij} = 0$ 时，令 $Y_{ij} \times \ln Y_{ij} = 0$；

计算信息熵冗余度：

$$d_j = 1 - e_j \tag{4-8}$$

计算指标权重：

$$w_j = d_j / \sum_{j=1}^{n} d_j \tag{4-9}$$

确定指标权重以后，分别计算各单项指标的权重，采用加权法得到各指标的综合水平评价 U_i。其计算公式为：

$$U_i = \sum_{j=1}^{n}(X_{ij}' \times w_j) \tag{4-10}$$

其中，n 为指标数。

2. 耦合协调度模型

物理学中耦合指两个或两个以上的产业通过要素的关联性和相互作用，导致产业间的互相影响，产生产业要素彼此依赖的现象。耦合度测算系统的相互影响程度，耦合协调度表示系统和谐共生的程度。为研究红色文化和旅游的相互影响状态，利用耦合协调度模型，定量分析红色文化和旅游的相互作用程度，反映两个系统间的协调水平和发展状况。耦合模型公式为：

$$C = 2 \times \left\{\frac{U_1 \times U_2}{U_1 + U_2}\right\}^{\frac{1}{2}} \tag{4-11}$$

$$T = \alpha \times U_1 + \beta \times U_2 \tag{4-12}$$

$$D = \sqrt{C \times T} \tag{4-13}$$

其中，U_1 为文化产业的综合水平，U_2 为旅游产业的综合水平，耦合度为 C（$C \in [0.1]$），T 为综合协调指数；D 为耦合协调度；α、β 为待定权数，反映文化和旅游的影响系数，假定文化和旅游同等重要，令 $\alpha = \beta = 0.5$。

根据 D 值，将耦合协调度划分为十个等级（见表 4-10）。

表 4-10 耦合协调等级

D 值	耦合协调程度	D 值	耦合协调程度
0.00—0.09	极度失调	0.50—0.59	勉强协调
0.10—0.19	严重失调	0.60—0.69	初级协调
0.20—0.29	中度失调	0.70—0.79	中级协调
0.30—0.39	轻度失调	0.80—0.89	良好协调
0.40—0.49	濒临失调	0.90—1.00	优质协调

（二）数据来源与指标体系构建

本节选择全国 18 个红色旅游重点城市所在的 14 个省份 2001～2020 年共 20 年的面板数据。数据来源于《中国旅游年鉴》《中国文化文物和旅游统计年鉴》《中国统计年鉴》以及各省份统计年鉴等，部分缺失数据用插值法补齐。

指标体系的选取一方面要考虑能体现出旅游和红色文化的特征，另一方面要考虑数据的可得性。顾及研究内容的差异，本节在前人研究的基础上，制定的指标体系如表 4-11 所示。

表 4-11 文化和旅游融合发展质量指标体系

总体目标	一级指标	二级指标	指标权重
文旅融合发展质量	红色文化发展指标	公共图书馆个数（个）	0.178119249
		藏书量（万册）	0.194930104
		博物馆个数（个）	0.157219259
		文化市场机构营业收入（千元）	0.381309179
		文化市场机构营业利润（千元）	0.088422208
	旅游发展指标	国内旅游人次（万人次）	0.158132231
		国内旅游总收入（亿元）	0.222279858
		入境过夜游客人数（万人）	0.161593714
		旅游外汇收入（亿美元）	0.241005962
		A 级景区数量（个）	0.216988235

二、实证分析

根据本节的研究方法和计算步骤，对数据进行标准化处理、求权重，最终得到2001～2020年18个红色旅游重点城市所在的14个省份的文化产业和旅游产业发展水平的耦合协调度数值。计算结果如表4－12所示。

表4－12　2001～2020年14个省份文旅融合耦合协调度均值分类排序

等级	耦合协调程度	耦合协调度数值	省份
10	优质协调	0.90～1.00	江苏、浙江、山东、四川、河南、福建、湖南、湖北、河北、安徽、陕西、广西、江西、贵州
9	良好协调	0.80～0.89	
8	中级协调	0.70～0.79	
7	初级协调	0.60～0.69	
6	勉强协调	0.50～0.59	
5	濒临失调	0.40～0.49	
4	轻度失调	0.30～0.39	
3	中度失调	0.20～0.29	
2	严重失调	0.10～0.19	
1	极度失调	0.00～0.09	

从表4－12中可以看出，江苏、浙江、山东三个沿海地区的文旅融合程度较高，已经达到了中级协调的程度，尤其是江苏的发展总量，远超其他省份。江苏、浙江两省为华东经济文化发展的重要省份，其旅游产业和文化产业已经达到了初级协调的程度。作为齐鲁文化的起源地山东，山东的旅游产业和文化产业的发展水平较高，旅游资源和文化资源较丰富。濒临失调的地区包括四川、河南、福建，轻度失调的地区包括湖南、湖北、河北、安徽、陕西、广西、江西。总体来看，我国文化产业与旅游产业的耦合协调发展水平较低。

由式（4－13）计算得出14个省份的文旅耦合协调度，2001～2020年的发展趋势如图4－3所示。

从整体耦合协调水平状况来看，各省份的耦合协调度的均值相差较大，从图4－3中看出14个省份的文旅融合发展不是很紧密，各省份之间的耦合协调度有显著地区差异，大致可以将耦合协调度分为三个层次：第一个层次处于0.5～0.9之间，其中，有江苏、浙江、山东一带沿海地区，说明沿海地区的文化与旅游发展相比较内陆更为协调，江苏、浙江、山东的自然条件与经济基础顺势扩大了文化资产向市场的转变，他们有先天性的文化资源与旅游资源，从而为文化产业和旅游产业的协调发展打下良好的基础。由表4－13可知，江苏省的耦合协调度早在2009年就已达到勉强协调，2011年达到初级协调，2018年达到中级协调，发展趋势迅猛。其次是浙江。在2011年达到勉强协调，2014年达到初级协调，2016年中级协调，2017年达到良好协调，为历史最高峰。位居第三的是山东，山东在2011年达到勉强协调，2015年达到初级协调，2018年达到中级协调，紧追浙江，发展势头良好。第二个层次是指在0.3～0.5之间，在此区间的省份包括四川、河南、福建、湖南、湖北、河北、安徽、陕西、广西、江西，这些地方的耦合协调度近年来一直呈稳步上升的趋势，但是仍有待提高，四川在2013年达到勉强协调，2017年达到初级协调，河南和福建在2015年基本实现了勉强协调，这一梯队整体来看相对稳定。第三个层次小于0.3，其中包括贵州，贵州整体的协调度是处于一种低水平发展层次，至今仍处于濒临失调的状态，究其原因，可能是贵州受经济及地理位置的作用影响，使得贵州地区的旅游发展水平受限。综合来看，2001～2020年这14个省份的协调度整体处于一种较低水平，江苏、浙江、山东稳居在前，四川、河南、福建紧随其后。从图4－3中的时间来看，2001～2019年呈稳步上升的趋势，受新冠疫情影响，2020年各方面数值下降，各地区的旅游产业发展状况水平降低。四川、河南、福建、湖北、河北、安徽、陕西、广西、江西、贵州的整体协调度不高，文旅融合方面还有较大的改善空间。

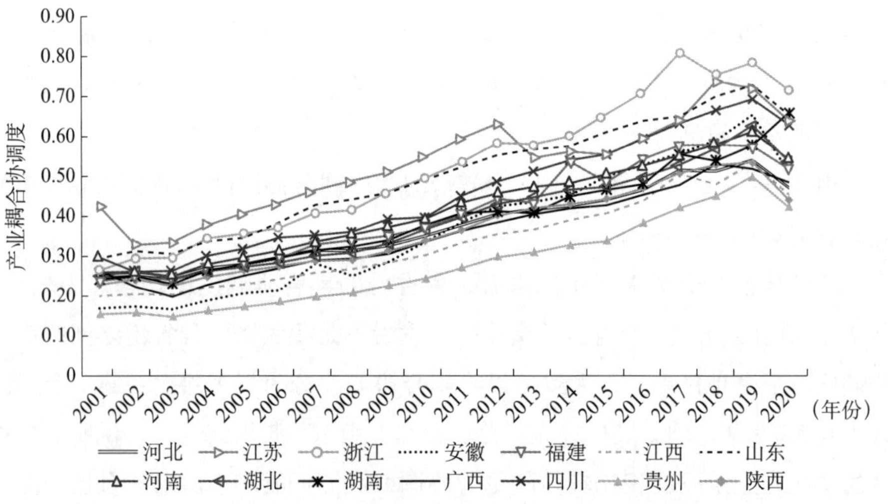

图4－3　2001～2020年文旅产业协调度趋势

表 4－13　　2001～2020 年红色旅游重点城市所在省份耦合协调等级

年份	河北	江苏	浙江	安徽	福建	江西	山东	河南	湖北	湖南	广西	四川	贵州	陕西
2001	中度失调	濒临失调	中度失调	严重失调	中度失调	中度失调	中度失调	轻度失调	中度失调	中度失调	中度失调	中度失调	严重失调	中度失调
2002	中度失调	轻度失调	中度失调	严重失调	中度失调	中度失调	轻度失调	中度失调	中度失调	中度失调	中度失调	中度失调	严重失调	中度失调
2003	中度失调	轻度失调	轻度失调	严重失调	中度失调	中度失调	轻度失调	中度失调	中度失调	中度失调	中度失调	中度失调	严重失调	中度失调
2004	中度失调	轻度失调	轻度失调	严重失调	中度失调	中度失调	轻度失调	中度失调	中度失调	中度失调	中度失调	轻度失调	严重失调	中度失调
2005	中度失调	濒临失调	轻度失调	中度失调	中度失调	中度失调	轻度失调	轻度失调	中度失调	中度失调	中度失调	轻度失调	严重失调	中度失调
2006	轻度失调	濒临失调	轻度失调	中度失调	中度失调	中度失调	轻度失调	轻度失调	中度失调	轻度失调	中度失调	轻度失调	严重失调	中度失调
2007	轻度失调	濒临失调	濒临失调	中度失调	轻度失调	中度失调	濒临失调	轻度失调	轻度失调	轻度失调	中度失调	轻度失调	中度失调	中度失调
2008	轻度失调	濒临失调	濒临失调	中度失调	轻度失调	中度失调	濒临失调	轻度失调	轻度失调	轻度失调	中度失调	轻度失调	中度失调	中度失调
2009	轻度失调	勉强协调	濒临失调	中度失调	轻度失调	中度失调	濒临失调	轻度失调	轻度失调	轻度失调	轻度失调	轻度失调	中度失调	轻度失调
2010	轻度失调	勉强协调	濒临失调	轻度失调	轻度失调	轻度失调	濒临失调	轻度失调	轻度失调	轻度失调	轻度失调	濒临失调	中度失调	轻度失调
2011	轻度失调	初级协调	勉强协调	轻度失调	濒临失调	轻度失调	勉强协调	濒临失调	濒临失调	濒临失调	轻度失调	濒临失调	中度失调	轻度失调
2012	濒临失调	初级协调	勉强协调	濒临失调	濒临失调	轻度失调	勉强协调	濒临失调	濒临失调	濒临失调	轻度失调	濒临失调	轻度失调	濒临失调
2013	濒临失调	勉强协调	勉强协调	濒临失调	濒临失调	轻度失调	勉强协调	濒临失调	濒临失调	濒临失调	濒临失调	勉强协调	轻度失调	濒临失调
2014	濒临失调	勉强协调	初级协调	濒临失调	勉强协调	轻度失调	勉强协调	濒临失调	濒临失调	濒临失调	濒临失调	勉强协调	轻度失调	濒临失调
2015	濒临失调	勉强协调	初级协调	勉强协调	濒临失调	濒临失调	初级协调	勉强协调	濒临失调	濒临失调	濒临失调	勉强协调	轻度失调	濒临失调
2016	濒临失调	初级协调	中级协调	勉强协调	勉强协调	濒临失调	初级协调	勉强协调	勉强协调	濒临失调	濒临失调	勉强协调	轻度失调	濒临失调
2017	勉强协调	初级协调	良好协调	勉强协调	勉强协调	勉强协调	初级协调	勉强协调	勉强协调	勉强协调	濒临失调	初级协调	濒临失调	勉强协调

续表

年份	河北	江苏	浙江	安徽	福建	江西	山东	河南	湖北	湖南	广西	四川	贵州	陕西
2018	勉强协调	中级协调	中级协调	勉强协调	勉强协调	濒临失调	中级协调	勉强协调	勉强协调	勉强协调	勉强协调	初级协调	濒临失调	勉强协调
2019	勉强协调	中级协调	中级协调	初级协调	勉强协调	勉强协调	中级协调	初级协调	初级协调	勉强协调	勉强协调	初级协调	勉强协调	勉强协调
2020	濒临失调	初级协调	中级协调	勉强协调	勉强协调	濒临失调	初级协调	勉强协调	勉强协调	初级协调	濒临失调	初级协调	濒临失调	濒临失调

三、结论、政策启示与研究展望

（一）结论

我国红色文化产业与旅游产业的耦合协调度呈稳步上升趋势，但整体协调水平偏低，仍有很大发展潜力。未来要从人力资源开发、公共服务完善、旅游产品开发等角度不断提升红色文旅的市场活力和产业竞争力，以促进红色旅游协调发展。现阶段，需将旅游产业的发展提到至关重要的地位，重点扶持旅游产业，以推动两个产业的健康协调发展。

（二）政策启示

1. 强化政策支持

把握机遇，顺势而起。14 个省份地域跨度大，各地区经济发展水平不一，在发展理念、发展意愿上也存在差异。一方面，在国家宏观政策层面，应结合国家重大战略重点，为四川、河南、福建、湖南、湖北、河北、安徽、陕西、广西、江西、贵州旅游发展提供配套措施。要充分发挥区域战略的政策红利，将西部大开发、“一带一路”、长江经济带等建设与红色文旅融合发展相协调，以经济发展助力红色文旅融合，以红色文旅融合赋能经济高质量发展，促进区域之间的产业共育、客流互送、信息共享、公共服务互用。另一方面，要发挥地方积极性，用文旅政策配合综合政策形式，发挥红色文化和红色旅游的协同作用，同时，发挥好土地、人才、资本等要素对于红色文旅融合的支撑作用，积极推动要素市场化改革，激发红色文旅市场活力，推动红色文旅高质量发展。

2. 刺激市场消费

进入2023年，党中央、国务院将恢复和扩大消费放在优先位置，就是基于消费在我国经济稳定增长的“压舱石”“稳定器”的战略地位以及居民消费率长期下降的趋势做出的决定。旅游成为促消费扩内需的重要引擎和工作抓手，旅游业是国家促消费扩内需的“三好学生”，因为旅游业既有超大的经济体量（一好），同时关联产业多、拉动作用强（二好），而且动力十足、消费市场潜力巨大（三好），因此，旅游业在国家恢复和扩大消费的战略支撑作用十分重要。首先，从旅游经济体量来看，旅游业已经成为国民经济的战略性支柱产业，旅游消费对我国经济增长拉动作用突出。根据文化部《2019年文化和旅游发展统计公报》，2019年旅游业对我国GDP综合贡献10.94万亿元，占GDP总量的11.05%，旅游直接就业2 825万人，旅游直接和间接就业7 987万人，占全国就业总人口的10.31%。[①] 其次，从关联产业来说，旅游业关联我国国民经济的109个产业、行业和29个部门[②]，相关产业的发展对旅游业都有不同程度的促进作用。要从消费环境改善、红色文旅产品创新、红色文旅消费意愿激发、红色目的地设施完善等角度切入，不断激发红色文旅消费的市场活力。

3. 联手区域协作

携手并进，共谋发展。14个省份地理范围跨度大，牵涉范围广。要从体制机制上建立起客源互送、资源共享、交通互联、信息共享、服务共用等协同制度。要加强区域目的地红色文旅品牌的打造，通过整体营销不断提升整体区域目的地的吸引力和市场活力。要建立区域之间政府合作的联席制度，在不同部门、不同企业之间构筑起合作共赢的平台，推动红色目的地合作的常态化、制度化建设。要加快区域之间资源互补，不仅红色文旅产品实现互联互用，还要发挥好文化旅游产品、自然旅游产品、体育旅游产品等综合效能，通过“红色文旅＋融合发展”，推动区域旅游业高质量发展。

---

① 余俊杰，陈爱平．2019年我国国内游人数突破60亿人次［N］．新华社，2020－03－10．

② 邵琪伟．发展旅游业是应对国际金融危机的重要一翼［J］．求是，2009（16）．

第四节　我国红色旅游与红色文化融合发展的政策效果评价*

党的十八大以来，我国坚持“以文塑旅，以旅彰文”的理念推进文化和旅游产业深度融合，文旅融合已成为彰显文化内涵、传承文化血脉、建设文化强国、促进文化交流的重要抓手。文旅融合是将文化和旅游产业的深度融合，而红色文化旅游是文旅融合发展的重要内容。红色文化是中国共产党带领人民群众在长期的革命斗争中沉淀、积累下来的一种精神，这种精神需要传承、发扬。发展红色旅游不仅有利于红色文化资源的保护和红色精神的弘扬，还有利于丰富旅游业态、拓展文化和旅游产业的融合空间，更有利于推动红色旅游产业成为新的经济增长点。红色文化内涵丰富，是共产党人的灵魂工程。从发展趋势来看，红色文化旅游发展潜力巨大，要利用好这个红色旅游发展的窗口时机，充分挖掘好红色文化资源，将其与旅游产业紧密融合。基于此，本节以除西藏以外的30个省份为研究对象，分析党的十八大以来在文旅融合政策背景下红色文化与红色旅游发展的效果。

一、实证设计研究

（一）数据选取说明

本节所使用的数据来源于《中国统计年鉴》、《中国文化和旅游统计年鉴》、《中国旅游统计年鉴》以及省级统计年鉴，选取的是2001～2020年全国省级数据，并根据国家2022年发布的全国18个红色旅游重点城市所在省份确定了处理组样本。考虑党的十八大以来国家高度重视文化旅游产业的发展，本节将2012年作为识别的唯一政策冲击时点，考虑数据的可得性，除我国港澳台地区和西藏地区外，得到30个省份数据，并将具有红色旅游重点城市的13个省份归入处理组，剩余的17个省份归入控制组。

（二）模型构建

本节选取式（4－14）所示的双重差分模型进行回归分析，模型如下：

---

* 该部分由韩元军、张宁（河南师范大学旅游学院硕士研究生）等共同完成。

$$Y_{it} = \beta_0 + \beta_1 DID + \sum \gamma_j Contriols_{it} + \mu_i + v_i + \varepsilon_{it} \qquad (4-14)$$

其中，i 代表省份；t 代表时间；Y_{it} 表示被解释变量，即红色文化和红色旅游融合水平；DID 是 Treat 与 T 的交互项，同时表示被差项（$Treat$ 是政策实施样本的选择是识别变量，当 $Treat=0$ 时，代表样本数据进入控制组但没有接受试点政策的试验，当 $Treat=1$ 时，代表样本数据进入处理组并且接受试点政策的试验；β_1 衡量了党的十八大提出的文旅产业融合政策对红色文化和红色旅游融合水平的作用效果；$Contriols_{it}$ 是指全部的控制变量；μ_i 代表个体固定效应；v_i 代表时间固定效应；ε_{it} 是扰动项。

（三）变量选取

1. 被解释变量：文旅融合发展质量

为了测度文旅融合发展水平（$C\&D_{it}$），本节构建文化产业和旅游产业的综合指标体系，为消除指标量纲差异，确保结果的准确性，采用极值法对原始数据进行无量纲化处理，运用主成分分析法，利用 spass 对数据进行分析，进行 KMO 和巴特利特检验，计算主成分得分，最后计算综合得分，并将其作为被解释变量来衡量红色旅游与红色文化融合发展的程度。主成分分析指标变量说明与原始数据来源如表 4－14 所示。

表 4－14　主成分分析指标变量说明与原始数据来源

变量	变量名称	数据来源
X1	公共图书馆个数（个）	《中国文化文物和旅游统计年鉴》
X2	公共图书馆藏书量（万册）	《中国文化文物和旅游统计年鉴》
X3	博物馆个数（个）	《中国文化文物和旅游统计年鉴》
X4	文化市场机构营业收入（千元）	《中国文化文物和旅游统计年鉴》
X5	文化市场机构营业利润（千元）	《中国文化文物和旅游统计年鉴》
X6	国内旅游人次（万人次）	《中国文化文物和旅游统计年鉴》
X7	国内旅游人次（万人次）	《中国文化文物和旅游统计年鉴》
X8	国内旅游总收入（亿元）	《中国文化文物和旅游统计年鉴》
X9	入境过夜游客人数（万人）	《中国文化文物和旅游统计年鉴》
X10	旅游外汇收入（亿美元）	《中国文化文物和旅游统计年鉴》

2. 解释变量：DID

模型中的核心解释变量是被差项 $Treat \times T$。$Treat$ 表示是否有红色旅游重点城市的省份，作为相关政策支持的处理变量。因为党的十八大就文化和旅游工作发表一系列重要论述，所以政策变量选取 2012 年，用 T 表示。

3. 控制变量

本节还选取产业结构（*industry*），即用第三产业与第二产业比值来表示；城镇化水平（*urbanization*），以城镇人口所占比率表示；经济发展水平的自然对数（*lnpgdp*），以人均地区生产总值的自然对数表示；交通基础设施水平（*traffic*），以公路里程对数表示。主要变量的描述性统计结果如表 4－15 所示。

表 4－15　　主要变量的描述性统计结果

变量	(1) 样本量	(2) 均值	(3) 标准误	(4) 最小值	(5) 最大值
C&D	600	0. 191	0. 136	0. 0100	0. 830
industry	600	1. 050	0. 581	0. 494	5. 297
urbanization	600	0. 517	0. 155	0. 139	0. 896
lnpgdp	600	9. 190	0. 518	7. 898	10. 76
traffic	600	11. 40	0. 903	8. 712	12. 89

需要指出的是，运用双重差分法进行实证检验的前提是满足平行趋势假设，即实验组和对照组的被解释变量具有相同的变动趋势，也是保证政策冲击识别不受其他因素显著干扰的基础条件之一。鉴于此，本节对实验组和对照组的文旅融合水平分别按年份求均值，得出不同年份的变动趋势，如图4－4 所示。不难发现，红色旅游重点城市所在省份与不包含红色旅游重点城市的省份的变化趋势相同，并且总体呈上升趋势，因此满足平行趋势假设。

（四）数据来源

本节选取 2001～2020 年除西藏以外的 30 个省（区、市）的文化产业与旅游业两个系统作为研究对象，各指标原始数据来源于《中国旅游年鉴》、《中国文化和旅游统计年鉴》、《文化及相关产业统计年鉴》以及各省（区、市）统计年鉴及统计公报等。

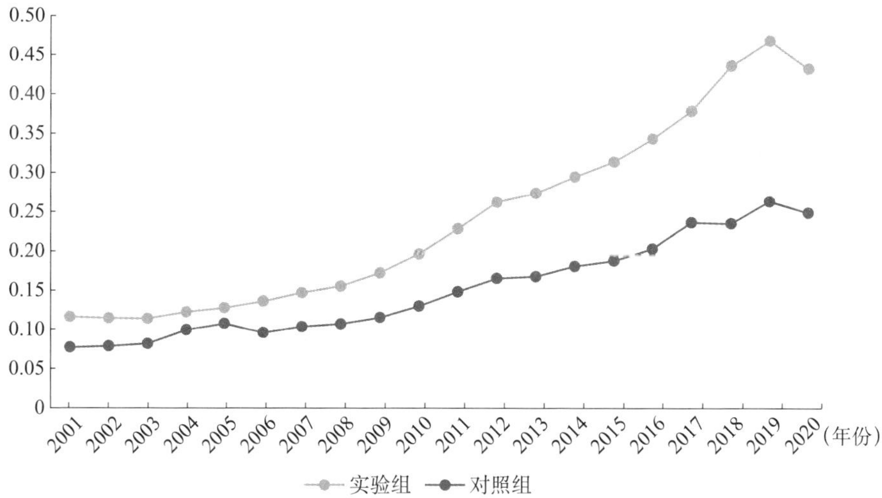

图 4-4　实验组与对照组的文旅融合水平变动趋势

二、实证结果及分析

（一）主成分分析的统计结果分析

1. 数据标准化处理

数据标准化处理面板数据量较大，为消除各年份对指标的影响，将 30 个省份 2001 ~2020 年共 20 年 10 个指标的数据转化为 200 条 13 个指标的数据进行处理，部分不全的数据采用线性插值法处理；因指标性质不同，导致具有不同的量纲和数量级，因此对原始数据进行标准化处理。

2. 相关系数检验

首先选取标准化处理后的数据进行 KMO（Kaiser-Meyer-Olkin Measure of Sampling Adequacy）取样适合度检验和巴特利特（Bartlett's Test of Sphericty）球形检验分析，判别数据是否适合做因子分析。用 SPSS 27.0 软件进行处理，结果显示 KMO 值为 0.77，根据统计学家凯斯勒（Kaiser）给定的标准，KMO 取值大于 0.6，适合做因子分析；巴特利特球形检验结果显示，其近似卡方分布值为 3 518.971，在自由度为 45 的条件下显著性概率为 0.000，小于 0.05，说明 10 个变量相关性显著，适合做因子分析。

3. 主成分分析

对 10 个变量采用主成分分析法提取公共因子，然后进行凯撒正态化最大方差法旋转，在旋转5次迭代收敛后得到三个主成分因子（$\lambda_1=3.077$，$\lambda_2=2.645$，$\lambda_3=1.496$），根据主成分因子提取原则，变量1、变量2、变量3的特征值均大于1，且所提取的三个因子累计贡献率达到72.174%，说明所提取的三个因子基本上包含10个指标的总量信息，本研究可以选取3个公因子来解读影响文旅融合发展的影响因素，计算各指标（主成分）的特征值、方差贡献率，如表4-16所示。

表4-16 文旅融合水平的特征值和主成分贡献率

变量	特征值	方差贡献率（%）	累计贡献率（%）
X1	4.178	41.779	41.779
X2	2.003	20.035	61.813
X3	1.036	10.36	72.174
X4	0.726	7.263	79.437
X5	0.638	6.379	85.816
X6	0.605	6.053	91.869
X7	0.347	3.475	95.344
X8	0.218	2.178	97.522
X9	0.144	1.443	98.964
X10	0.104	1.036	100

由表4-16可知，前3个特征值累计贡献率已达72.174%，且特征值均大于1，表明前3个主成分特征值占比大，基本反映了其他指标的内在信息，于是选取前3个主成分作为基准参量。为了进一步发掘各主成分因子的敏感强度，利用正交旋转法对载荷矩阵进行旋转变换，得到的主成分载荷矩阵如表4-17所示。

表4-17 中国文旅融合水平的主成分载荷矩阵

变量	第一主成分	第二主成分	第三主成分
X1	0.405327297	-0.09346107	0.022892448
X2	0.319245128	0.399054175	-0.019622098
X3	0.506801641	0.135272602	0.039244196
X4	0.046176528	0.522644143	0.254269689
X5	0.027933949	0.48636649	0.315588746

续表

变量	第一主成分	第二主成分	第三主成分
X6	0. 472596806	0. 143880858	0. 004905525
X7	0. 023943385	0. 10698833	0. 612372981
X8	0. 024513465	0. 065176799	0. 672056864
X9	0. 095203458	0. 494359871	-0. 013898986
X10	0. 490269304	0. 153718865	0. 077670805

（二）红色旅游政策对红色文化与红色旅游融合水平的影响结果分析

表4-18为红色旅游政策对红色文化与红色旅游融合水平影响的双重差分估计结果。（1）列是只引入被差项DID的估计结果，DID的系数估计值为0. 102，结果在1%的水平上显著。（2）~（5）列是依次引入*industry*，*urbanization*，*lnpgdp*，*traffic*四个控制变量后的模型估计结果。可以看出，引入控制变量后，倍差项DID的系数估计值仍然在0. 102左右，并且一直保持在1%的水平上显著，并且，上述结果均是在控制了省份个体固定效应的情况下得出的。可以得出，文旅融合发展新理念的提出对红色文化和红色旅游融合水平存在显著的正向影响。这说明在文旅融合发展新理念的推动下，红色文化和红色旅游融合水平更高。由此可以得出，新时代下文旅融合发展新理念的提出有利于红色旅游与红色文化的融合发展。

表4-18　红色旅游政策对红色文化和红色旅游融合水平的影响估计结果

变量	(1)	(2)	(3)	(4)	(5)
	C&D	C&D	C&D	C&D	C&D
did	0. 102 *** (0. 00776)	0. 102 *** (0. 00778)	0. 104 *** (0. 00786)	0. 104 *** (0. 00782)	0. 105 *** (0. 00782)
industry		-0. 00148 (0. 00494)	0. 000146 (0. 00510)	0. 000143 (0. 00510)	0. 00438 (0. 00528)
urbanization			-0. 0239 (0. 0189)	0. 0226 (0. 0254)	0. 0307 (0. 0256)
lnpgdp				-0. 0202 *** (0. 00744)	-0. 0187 ** (0. 00746)
traffic					0. 00744 ** (0. 00367)
个体固定效应	Y	Y	Y	Y	Y

续表

变量	(1)	(2)	(3)	(4)	(5)
	C&D	C&D	C&D	C&D	C&D
_cons	0.171 *** (0.00244)	0.172 *** (0.00566)	0.183 *** (0.00994)	0.343 *** (0.0598)	0.236 *** (0.0795)
样本量	600	600	600	600	600
Adj-R^2	0.891	0.891	0.891	0.892	0.893

注：**、***分别表示在5%和1%的水平上显著，括号内数字为t值。

（三）稳健性检验

虽然双重差分法以及前期的初步检验基本保证了上述分析结果的有效性，即政策冲击是外生的，从而基本排除了其他因素对估计结果的影响。但是，为了确保分析结果的稳健性，本节采用平行趋势假设检验对文旅融合发展新理念与文旅融合进行检验。

平行趋势建设检验的方法主要是将政策时点进行向前和向后移动，然后考察移动后倍差项DID的估计结果，如果前移后DID的系数估计值显著，而后移后的DID系数估计值不显著，则表明该模型估计结果不满足平行趋势假设，基准分析结果是不稳健的。本节参考雅各布森（Jacobson）等提出的事件研究法，进行平行趋势检验，模型设定为：

$$Y_{it} = \beta_0 + \sum_{t=-3}^{3} \delta_t D_{it} + \sum \gamma_j Contriols_{it} + \mu_i + v_i + \varepsilon_{it} \qquad (4-15)$$

其中，D_{it}表示党的十八大文旅融合新理念提出时的一组虚拟变量，若省份i在2012年具有红色旅游发展重点城市，D_{it}则取值为1，反之为0。若δ_t不显著，则表示党的十八大文旅产业融合理念实施第t年，具有红色旅游发展重点城市的省份和不具有红色旅游发展重点城市的省份的文旅融合水平无显著差异；反之，则说明发展显著。本节将时间区间的数据汇总到$t=-3$期间和$t=3$期间。本节还选取党的十八大文旅产业融合新理念提出前的第一期为基期，同时考虑共线性问题，借鉴相关研究后在回归估计中将其剔除。

图4-5报告的是平行趋势检验的结果。其中，将政策时点向前移动到

2009 年的模型估计结果，可以发现 DID 的系数估计值不显著，而政策时点向后移动到 2015 年的模型估计结果，DID 的系数估计值在 1% 的水平上显著，并且系数与基准回归相差不多。可以得出，基准回归结果通过了平行趋势假设检验，因此该回归结果是稳健的。

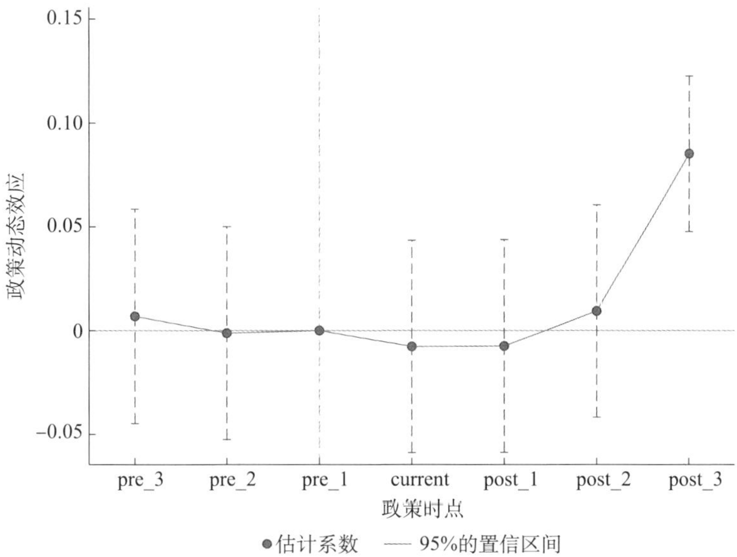

图 4－5　平行趋势检验结果

三、结论和建议

（一）结论

文旅融合政策显著提升了红色文化和红色旅游的融合发展，并通过了平行趋势检验，这一结果证实了文旅融合政策的有效性，揭示了文旅融合政策的提出促进了我国红色文化和红色旅游的融合发展。

（二）建议

（1）高度重视并积极实行文旅融合政策，持续助推当地红色旅游资源发展旅游业。同时要不断完善红色旅游目的地的公共服务体系，充分利用大数据、人工智能等新兴数字技术，加速推动红色产业与旅游业的高质量发展。

（2）要充分运用好当地红色资源，大力发展特色红色旅游，特别是革命老区，将红色旅游与经济社会发展要紧密联系，通过红色资源与红色旅游的紧密结合，带动青少年思想政治教育的发展，激发青少年爱国主义情怀，同时推动革命老区的发展，实现共同富裕。

（3）将红色精神深度融入红色旅游发展中，深入挖掘红色旅游的精神内核，以红色文化带动区域旅游经济发展，进而不断增强区域老百姓干事创业的积极性，推动本地区经济社会全面发展。

| 第五章 |

新时代我国红色旅游与红色文化融合发展的影响因素分析——基于青少年群体的分析*

第一节　青少年开展红色旅游与红色文化的背景

根据中华人民共和国教育部《2020 年全国教育事业发展统计公报》，截至 2020 年，全国共有中小学在校生约 1.98 亿人，高等教育在校生 0.36 亿人，据国家统计局《2020 年中国统计年鉴》统计，其占我国当前总人口数的 16.71%。2021 年，第一批“00 后”已进入大学中后期，即将开启自给自足、独立决策的人生消费周期。其成长阶段所积累的价值观、审美旨趣、社会关系，对后续的文化休闲、旅游消费等发展型、享受型需求与消费来说，是一种潜伏和蓄势。

红色旅游作为一种真实发生的历史文化与现代观光、休闲、度假旅游的融合产物，恰恰是一种满足发展型、享受型需求的文化休闲、旅游消费行为，且因其独特的爱国主义、民族凝聚、文化自信的价值观属性，在青少年的成长、教育与生活方式中，扮演着十分重要的角色。尽管有“父母在，不远游”的意识，但“游必有方”才是现代社会对于流动性的最好诠释。“少年好远游，荡志隘八荒”，少年远游，又与启智、明志、身份构建联结在一起，成为中华民族千年的文明基调与文化传承的密钥。

中国旅游研究院课题组于 2022 年中秋国庆假期赴西柏坡、长沙、湘潭等多个红色旅游目的地，并采取“线下 + 线上”的结合方式，描摹、解释影响青少年的基本休闲方式与文化消费习惯、影响他们“远游”的因素及对红色文化

* 该部分由韩元军、张虹菲等共同完成。

的关注点、对红色旅游内容与形式的行为与态度偏好。在研究对象的界定上，覆盖小学、初高中及大学生（含本科与研究生），基本是人口分布中的“00后”，与通常所指的“Z世代”，也有较大范围的交叉。

第二节　青少年开展红色旅游与红色文化的重要影响因素

一、群体画像

课题组调查发现，参与红色旅游的中小学生，平均年龄为12.3岁；参与红色旅游的大学生，平均年龄为21.9岁。两个群体均为典型的“00后”客群。中小学“少年”群体中，小学生占比50.1%，初中生占比28.6%，高中生占比21.3%。大学“青年”群体中，大一新生占比6.5%，大二学生占比27.2%，大三学生占比17.4%，大四学生占比21.8%，研究生占比27.2%。

二、休闲生活

（一）“旅游”成为少年时代休闲生活的重要方式

课题组调查发现，伴随学龄的增长，数字娱乐逐渐占据青少年大部分的休闲时间。而在“双减”政策后，课外阅读、素质教育、包括旅游在内的线下文娱活动，也成为中小学龄群体的主流休闲方式。在与其他休闲行为的“时间争夺战”中，外出旅游无论是在客观条件，还是在主观行为与意识上，都成为少年时代休闲生活的重要组成部分。如图5－1所示。

（二）“取悦”少年的“二次元”与“黏着”青年的影视剧

在具体的兴趣爱好内容上，“二次元”文化中的网游和动漫，无疑是中小学生的“心头所好”。而由于素质教育的大众普及，美术、音乐、舞蹈、书法、乐器等艺术活动，也成为中低学龄组较为迷恋的兴趣爱好。这对红色旅游产品如何更好地“取悦”少年，提供了很好的参考。随着学龄的增长，影视剧、看展、旅游等具备较高思辨元素的活动开始参与进来，同时，具有主动消费属性的一般网购、“三坑”文化、DIY文化等，也开始进入青少年的消费

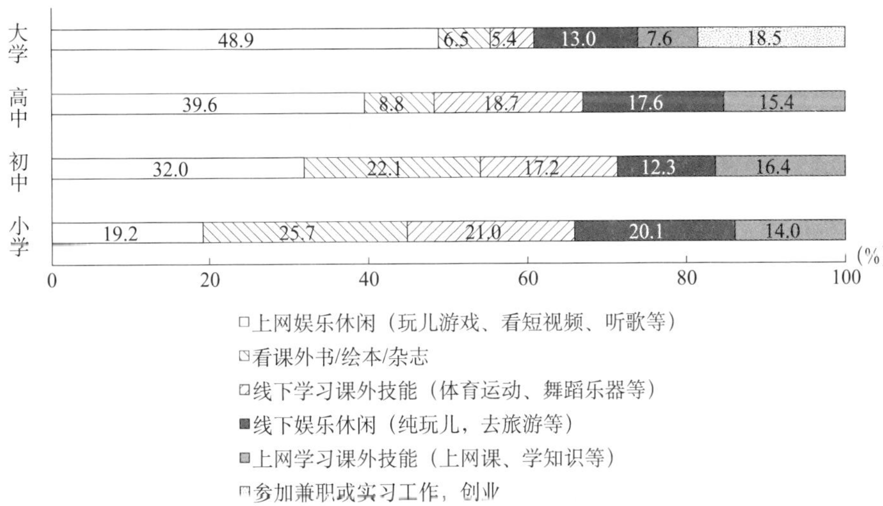

图 5－1　不同学龄组休闲行为分布

生态。值得注意的是，尽管旅游在大学生群体休闲行为中的占比相对较低，但大学生对于旅游的爱好与迷恋程度是极高的，与影视剧持平。与“亲子家庭”庇护下的中小学生相比，那些脱离了家庭部分“结构性庇护”的青年，需要更多出游便利性的关照。如图 5－2 所示。

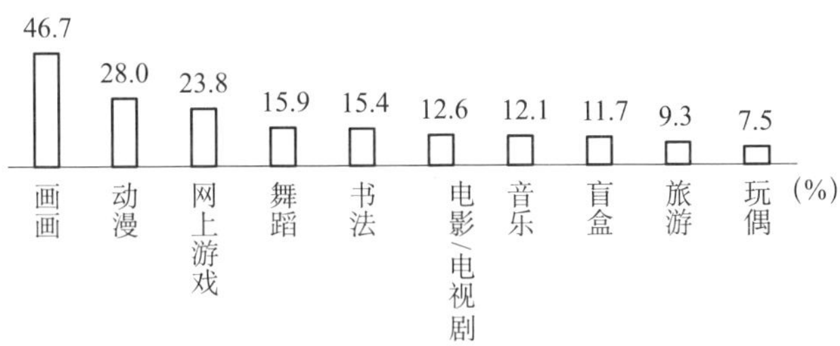

(a) 小学组偏爱的休闲活动（Top10）

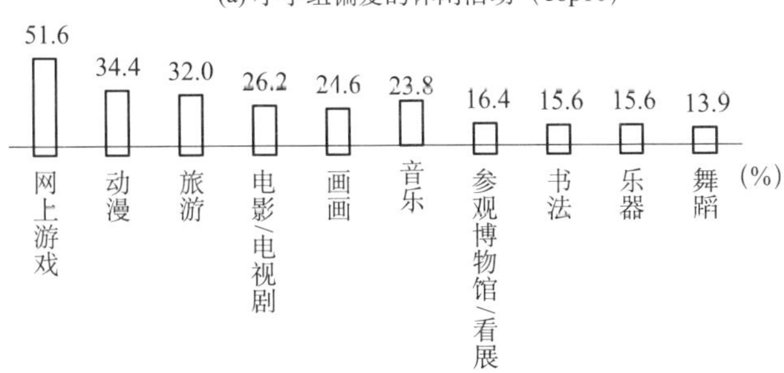

(b) 初中组偏爱的休闲活动（Top10）

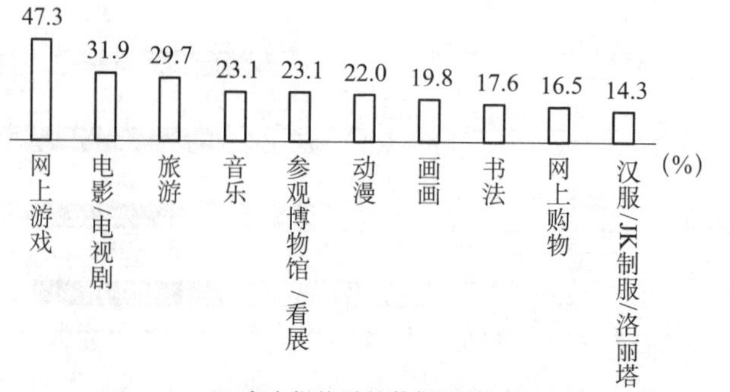

(c) 高中组偏爱的休闲活动（Top10）

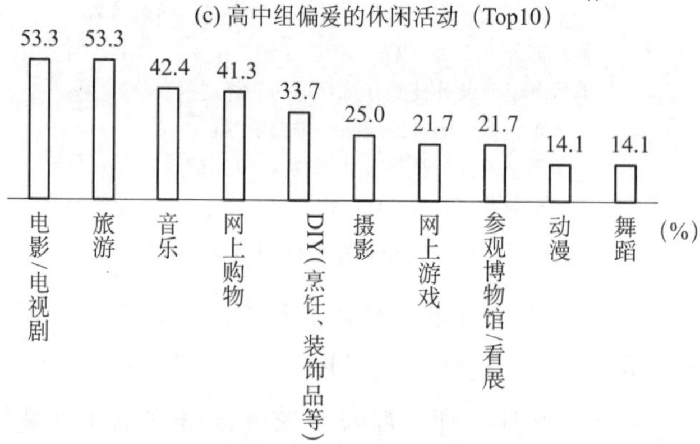

(d) 大学组偏爱的休闲活动（Top10）

图 5－2　不同学龄组偏爱的休闲活动

资料来源：课题组调查所得。

三、“初识”红色文化

课题组调研显示，和初高中的哥哥姐姐相比，对于“是否知道红色文化”，相当一部分小学阶段的少年是有认知障碍的（近 40% 的小学生群体不知道什么是“红色文化”，这一比例在高中生中仅为 2%），但这并不妨碍他们在课外活动、社会实践、家庭与社会生活中接触红色主题相关的文化事物、产品，接受红色文化的“浸润”，形成一定的价值感知。

（一）从哪些事物中接触红色文化

课题组调研发现，参观展馆/博物馆、相关题材影视剧、阅读、欣赏演艺类文化产品（话剧、音乐剧、歌舞剧等），是青少年摄取红色文化的主要来源，也是大家认为有意义的课外活动/社会实践。随着学龄的增长，对相关题材影视剧、革命圣地/展馆/博物馆类参观旅游、阅读近代历史/伟人传记、欣赏相关题材演艺类文化产品，会表现出更大的兴趣。如图 5－3 所示。

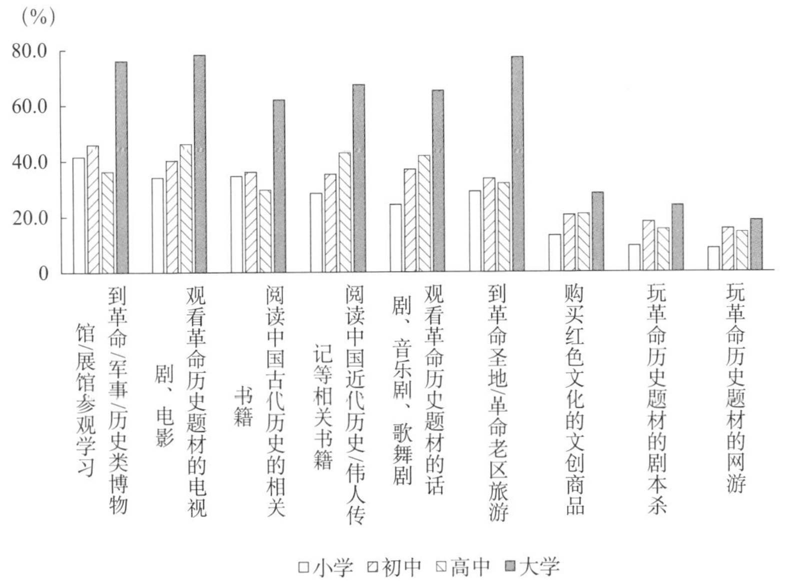

图 5－3　不同学龄组认为有意义的课外活动/社会实践

资料来源：课题组调查所得。

（二）从红色文化汲取哪些“养分”

课题组调研发现，大部分青少年能够从红色文化中摄取有关“爱国主义”“民族团结”“珍惜和平”“英雄主义”等核心价值观，大学生组更是对红色文化传递的多元价值观均有较好的摄入。但值得注意的是，大家对“文化自信”“求真理”“探索精神”等普遍认知不够。从某种程度上说，红色文化、红色旅游成为“亲子家庭”中家长有效“控制”其子女的规制性手段，强化其“好好学习”的个人奋斗导向意识。但对于如何去支撑“爱国”，支撑“多民族认同感”等价值取向，很多青少年并未从文化消费和旅游活动中得到充分的答案。如图 5－4 所示。

（三）红色文化如何帮助塑造“社会自我”

相比初高中的哥哥姐姐，尚处“总角”[①] 之年的小学生，在对红色文

① 中国古时少儿男未冠，女未笄时的发型。头发梳成两个发髻，如头顶两角。

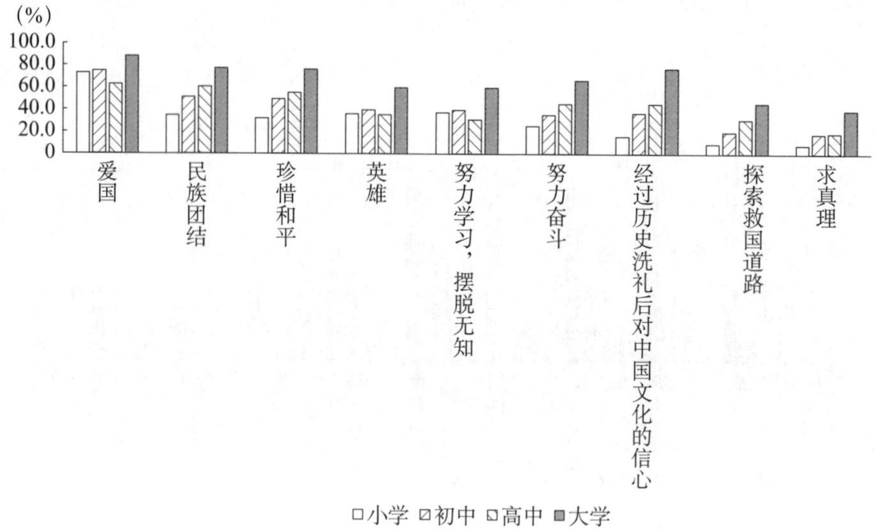

图 5-4　不同学龄组从红色文化中感受到的精神

资料来源：课题组调查所得。

化带来的“社会自我”认知上，更多与老师和家长，这种最为亲密的“权威”关系相关联。伴随年龄的增长，对“自我”的觉知感逐渐增强，在文化消费中成就更好的自我，逐渐成为一种越来越强烈的心理诉求。步入“舞勺之年”①，逐渐疏离家校的“权威”关系，接近真正的社会关系，这种社会关系既包括线下也包括线上。调查显示，认为接触红色文化带来的“好处”中，初中生对“会和同龄同学/伙伴有更多共同话题，更容易交朋友”“会是网络上说的好学生/好少年”的认同度明显高于高中生和小学生。“权威自我”逐渐褪去，“社会自我”与“数字自我”渐渐清晰，社会网络与互联网，为“红色文化”的价值输出，共同扮演了识别者与放大者。而认为接触红色文化带来的“好处”中，大学生选择“成为一个更好的自己”这一选项的占比最高，然后依次是高中生、初中生、小学生。如图 5-5 所示。

① 指男孩子 13~15 岁期间学习舞勺，古代儿童学文舞，出自《礼记·内则》。

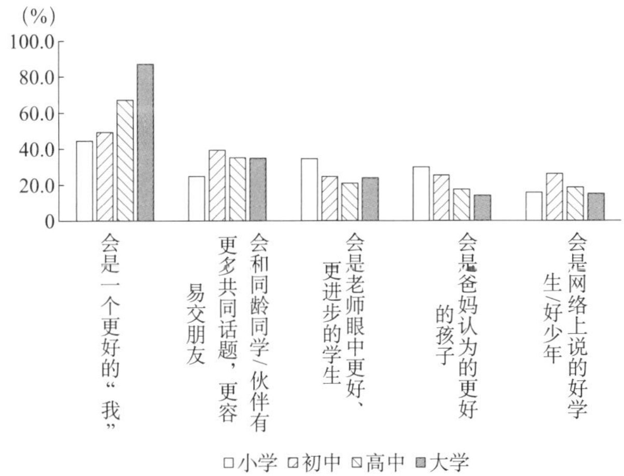

图 5 –5　不同学龄组对红色文化带来的价值认知

资料来源：课题组调查所得。

四、“体验”红色旅游

（一）出游的权利程度如何

课题组调查显示，青少年的平均年出游次数为 2.4 次，其中小学生为 2.5 次，中学生为 2.7 次，大学生为 1.9 次。再一次证明与“亲子家庭”庇护下的中小学生相比，那些脱离了家庭部分“结构性庇护”的青年，更加需要出游的便利性。

（二）出游决策受到哪些社会关系的影响

在红色旅游决策的影响群体方面，父母主导模式是小学生出游的主要决策模式。值得注意的是，高中生自主选择红色旅游的占比非常之高，半数高中生“没有受任何人影响，纯粹自己想来”，自我主导模式在初中及大学阶段的占比也分别达到了 1/3。受社交圈影响程度最高的则是大学生群体，且相对于中小学生，青年大学生“被动”选择红色旅游的占比更高。如图 5 –6 所示。

（三）选择红色旅游的动机有哪些

课题组调研发现，伟人/历史人物的 IP 吸引、课堂知识的场景延展、家庭、阅读或影视剧依次是驱动青少年选择具体目的地的动机。学龄越高，受伟人/历史人物 IP、课堂延展、影视剧及视频互联网的影响越大，在“内驱”和“外驱”两个方向上都会出现明确的需求。如图 5 –7 所示。

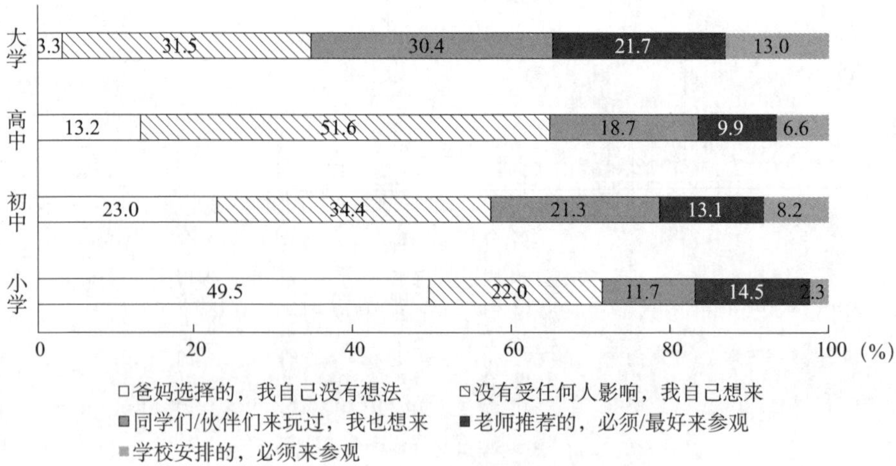

图5－6　不同学龄组红色旅游决策的影响群体

资料来源：课题组调查所得。

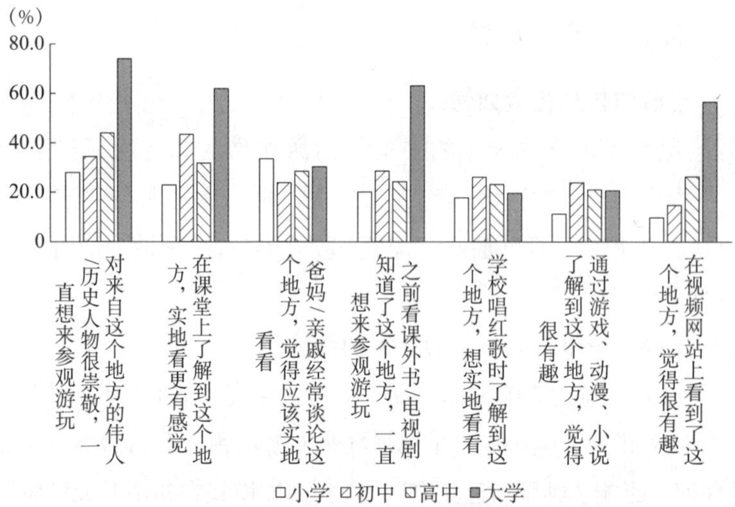

图5－7　不同学龄组选择红色旅游目的地的主要动机

资料来源：课题组调查所得。

（四）选择红色旅游的障碍在哪里

课题组调研发现，交通、解说系统、展示方式是青少年认为的红色之旅主要障碍点。具体阐释为“交通太不方便”“解说内容太枯燥”“解说人员/老师没有吸引力”“没有互动展示历史的方式（VR、视频、实景演示等）”。对于青年大学生群体来说，文创商品的质量，也是一大重要考核标准。如图5－8所示。

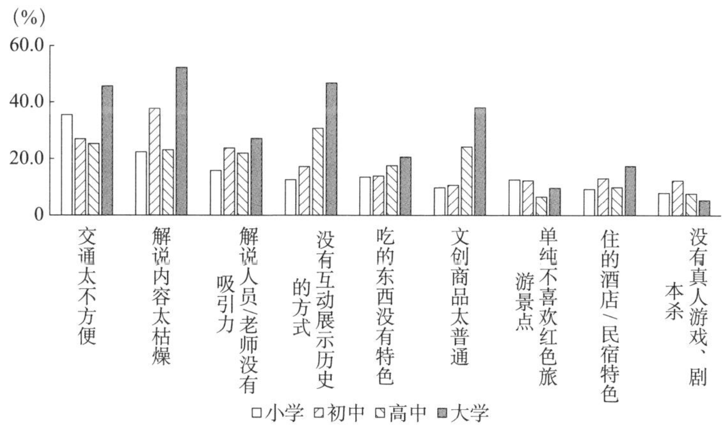

图 5-8　不同学龄组不选择红色旅游目的地的主要原因

资料来源：课题组调查所得。

（五）对红色旅游的类型与目的地偏好

课题组调研发现，参观故居类、展馆/博物馆类、革命遗址类，是青少年最为偏好的红色旅游类型，对主题公园、主题小镇/街区，也有一定程度的偏好。其中，初中、小学生相比高中生，对展馆/博物馆类更感兴趣，大学生则对多数类型均显示出一定程度的兴趣，不仅包括上述提到的主要形态的红色旅游产品，也包括对文创、演艺、住宿、美食等周边产品的关注。值得注意的是，青年大学生对红色文化主题的小镇/街区的关注程度最高，复合型业态对青年群体的虹吸效应显著。如图 5-9 所示。

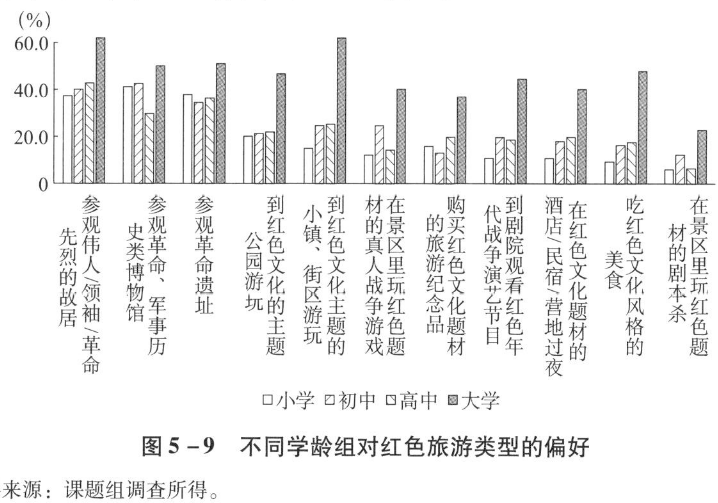

图 5-9　不同学龄组对红色旅游类型的偏好

资料来源：课题组调查所得。

青年大学生：影视剧是红色旅游的“网红流量密码”，绝大多数青年大学生对创新型的红旅模式充满期待。

在印象最深的红色文化作品/商品中，绝大多数青年大学生认为是重大革命历史题材电视剧《觉醒年代》《1921》《建国大业》《峰爆》《亮剑》等近期或近年来的热播革命战争影视作品，也是大学生较多提及的对象。此外，广西革命纪念馆、百色起义革命纪念馆、红旗渠、井冈山革命根据地、韶山毛主席故居、湘江战役纪念馆、西柏坡等经典的红色旅游目的地，也有少量提及。如图 5 – 10 所示。

图 5 – 10　印象最深的红色文化作品（大学生组）

64.1% 的受访大学生表示，“会因为看了某部红色电影/电视剧去某个红色旅游的城市或景点打卡”。这些红色影视剧，主要是《觉醒年代》《战长沙》《八佰》《建国大业》《建党伟业》等。在因影视作品想去打卡的目的地中，有北京天安门、北大红楼、合肥延乔路、上海中共一大会址、长沙橘子洲头、苏州四行仓库等。如图 5 – 11、图 5 – 12 所示。

图 5 – 11　对红色旅游打卡行为有影响的红色影视作品（大学生组）

图 5 – 12　受影视文化作品影响的红色旅游打卡地（大学生组）

在创新型的红色旅游产品方面，调研以方特东方欲晓主题公园为例，测试了青年大学生群体对“红色文化 + 主题公园”的偏好。对其模式评价中，设计风格、票价优惠、产品创意是大家较为关注的点。18.5% 的受访大学生表示对“红色文化 + 主题公园”的模式“非常感兴趣”，56.5% 的大学生表示“感兴趣”。感兴趣的原因，主要是“从没见过红色文化题材的主题公园，好奇”“用球幕飞翔影院、3D/4D/5D 等高科技再现革命历史，更有意思，也更有意义”。总体上，多数人认为该模式“设计风格还不错，有看点”“没听说过，但感觉有新意”，且认为“学生票有优惠的话，可以尝试”。如图 5 – 13 所示。

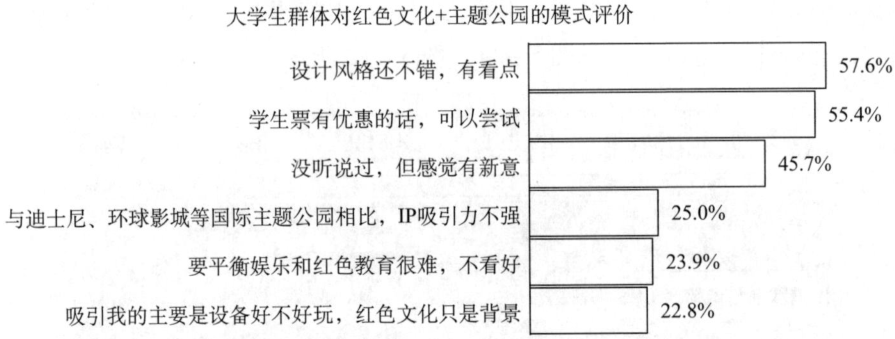

图5-13　对红色文化+主题公园的模式评价（大学生组）

资料来源：课题组调查所得。

五、发现小结

课题组通过系统梳理，从出游的必要条件和充分条件两大角度，描摹了影响我国青少年选择红色旅游的动力机制（见图5-14）。其中，必要条件包括可自由支配的时间与家庭消费能力，即需求侧的影响要素。从调研情况来看，在与其他休闲行为的“时间争夺战”中，外出旅游无论是在客观条件，还是在主观行为与意识上，都成为少年时代休闲生活的重要组成部分。“双减”政策实施后，可自由支配时间增加，成为进一步的利好条件。

充分条件综合考虑了社会性与经济性因素，前者主要从“内部”驱动红色旅游的选择行为，后者主要从“外部”驱动。其中，外部驱动因素包括教育、文化、旅游三方面的内容供给。根据调研，课堂教育、课外阅读等基础教育与素质教育，包括ACGMN（动画、漫画、游戏、音乐、小说）在内的二次元文化[①]产品，以及红色文化与旅游活动相结合的红色旅游，共同构成影响青少年选择红色旅游的供给侧要素。

内驱因素则主要包括“价值取向”“审美取向”“身份认同”与“社会

---

① 二次元文化涵盖了ACG文化（动画/漫画/游戏，即Animation/Comics/Games），在逐渐发展中增加了轻音乐Music和轻小说Novel内容后，转变为ACGMN文化。随着伴生世代的成长，二次元文化已经步入主流文化范畴。根据腾讯和城市画报联合推出的《95后兴趣报告》调研的数据，游戏是“Z世代”花费最多、最重要的娱乐消费，而与动漫相关的一条明显指标是：动漫在“95后”的渗透率已经达到41.2%，“95后”为动漫付费的比例整整高出“95前”10个百分点，且国漫的接受及关注度更高。

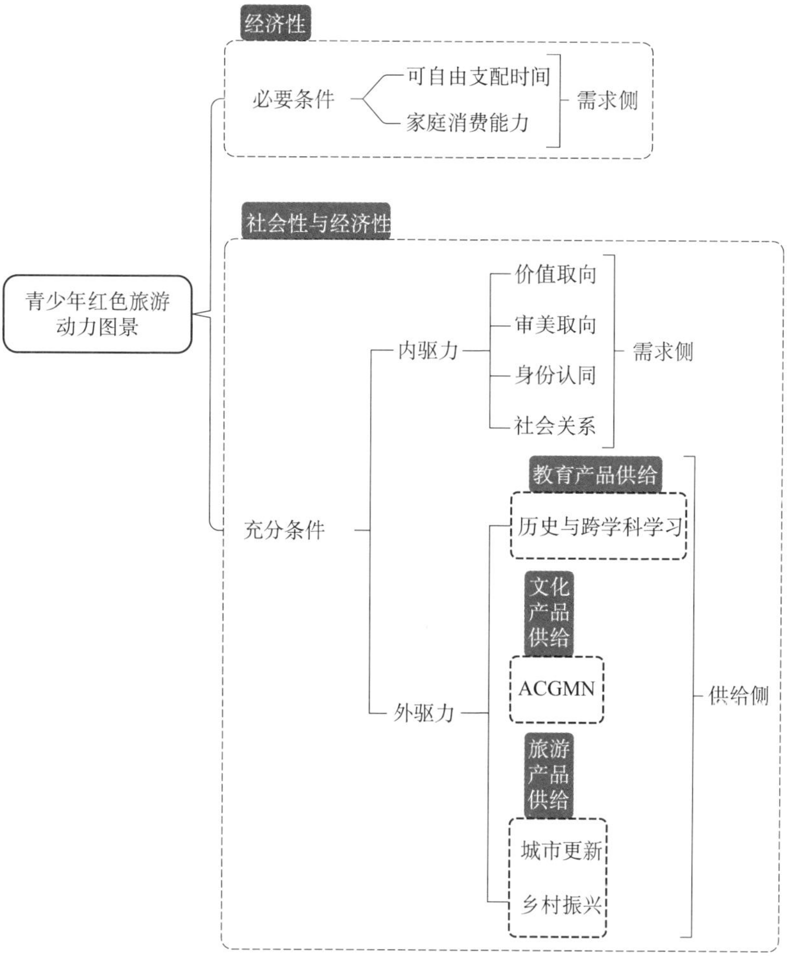

图 5－14　青少年红色旅游的动力机制

关系”。调研发现，与外部驱动因素相比，内驱因素相对更加隐蔽，但确是影响青少年文化旅游决策的长期因素，尤其是对于价值观、审美取向、社会关系与自我认知尚处于萌芽、形成与变化震荡期的少年阶段。从价值取向来看，除了“爱国主义”“民族团结”“珍惜和平”“英雄主义”等核心价值观，“文化自信”“求真理”“探索精神”等价值观的塑造也十分重要。这将对红色旅游解说内容的设计提出更高的要求。从审美取向来看，进入较高年龄的青年阶段，逐渐对审美对象有了意识觉醒，设计感强的主题公园、文创产品，更易受欢迎。从身份认同来看，随着学龄增长，“权威自我”逐渐褪去，“社会自我”与“数字自我”渐渐清晰，社会网络与互联网，为“红色文化”的价值输出，共同扮演了识别者与放大者。针对青少年，红色旅游需要注重数字化营销创新，也要关注旅游体验中的青少年社交需求。从社会关系来看，来自原生家庭的影响，在少年阶段相对突出，这也对应着亲子游产品的导向性、精细化设计。

第三节　青少年开展红色旅游与红色文化的政策建议

一、在国潮消费中共创红色旅游的话语体系

随着中国国人文化自信增强以及民族、国家认同程度不断增强，中国手机、汽车、美妆等热门行业的中国自主品牌的关注度全面反超海外品牌，一个全新的“国潮”时代正在来临。

在这样的时代背景下，红色旅游作为文化消费的重要组成部分，也成为青少年理性爱国、民族自信、文化自觉的重要表达方式。如何在新国潮消费浪潮中，共创红色旅游的话语体系，涉及旅游行业本身，更涉及旅游与文化、教育、大消费的跨界互动。青少年的价值养成与人格构建，向来不是孤立存在的客体，当“双减”政策下可自由支配时间的增长带来休闲活动选择权利的增加，外出旅游，与文化娱乐、素质教育、衣食住行共处同一平行空间，青少年及其原生家庭的休闲与消费决策，也在这一空间中盘根错节，交互影响。

（一）红色旅游＋文化休闲

旅游活动与二次元文化：青少年的诗与远方。

在红色旅游与文化的融合互动上，二次元作为小众文化向大众文化流动、变迁的代表，在青少年文化休闲与消费中扮演十分重要的角色。国漫、国产影视剧等大众流行文化成为青少年接触“红色文化”的主要窗口，如何充分运用这些“文化资产”，联结并融合在地的红色旅游资源、产品，是在国潮消费中提高红色旅游话语权的重要课题。以《那年那兔那些事儿》国产漫画和动画为例，《那年那兔那些事儿》是国内漫画作家逆光飞行（本名林超）创作的国民历史普及漫画，该漫画于2011年出品，用漫画的形式诠释了中国

清末以来的一系列重要历史事件，包括抗日战争、新中国成立、抗美援朝、中苏关系等。因其诙谐的画风和引人入胜的故事爆火于各大论坛，近年来逐渐吸引众多网友的关注。一是根据近现代史发展的历史时间轴制作一个游览地图，形成全民游览互动时间轴，让青少年游客直观学习到相关历史；二是鼓励将各类题材和剧情的红色故事与线下红色景区联动，将红色景区按照名人纪念馆类、标志性红色事件场地类、存放红色物品的博物馆类等细分类别，与红色历史故事串联，定期以虚拟 IP 设计创意标志性纪念卡由红色景区发放至游客。

（二）红色旅游＋大消费

国潮大消费："符号化"与"具象化"的双分天下。

国潮消费作为文化生产再循环的重要载体，已成为我国的重要消费现象。根据阿里研究院发布的最新数据，"90 后"人均国货消费已经超过 6000 元，过去一年在天猫平台上，"00 后"国货消费的增速最快，超过 50%。以"00 后"青少年为服务对象的文化旅游、红色旅游，也应融入国潮消费的宏观背景中，兼顾青少年消费文化中物质消费的符号化需求，以及精神消费的具象化需求（见图 5－15）。

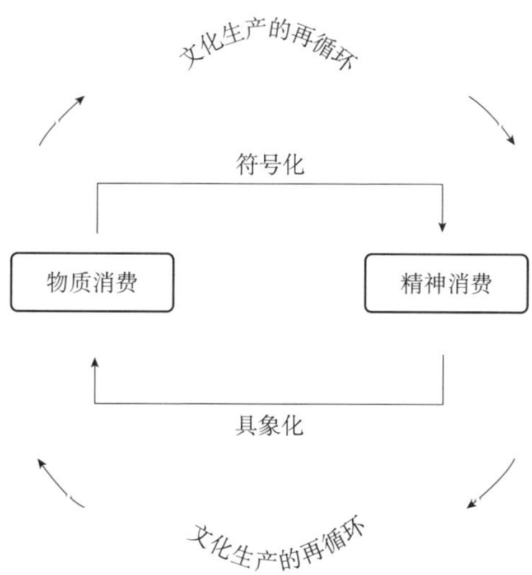

图 5－15　文化生产再循环流程

在物质消费的符号化需求方面，需要引导、鼓励红色旅游目的地，尤其是综合型主题街区、主题公园等，通过招商、合作等方式，吸引外部国潮消费品牌的入驻及联合开发。科技、流行美食、新中式美学为标签的消费类产品，都可以尝试和红色旅游目的地的文化内涵深度融合，形成新的内容与消费空间。例如，立足长沙，正在向其他城市辐射的文和友、茶颜悦色等国潮消费品牌，可以和长沙、湘潭的红色旅游景点合作，形成新的消费符号，吸引“00后”打卡。

在精神消费的具象化需求方面，红色旅游纪念馆、景区，要突破既往单向传输的说教式叙事模式，吸引青少年的注意，需要围绕“场景”构造内容，场景中包括人、道具、“游戏”及其规则。其中，人既包括游客、参观者，也包括“游戏”的组织者、规则的串联者，如剧本杀中的NPC、看展中的讲解员/导赏员、知名IP角色的扮演者等。道具主要体现在服装与饰品，在场景空间下，恰当的服饰帮助游客与参观者快速进入角色，形成沉浸式的体验。而“游戏”的模式也包括多种，如剧本杀、实景游戏、真人CS、历史事件的再现、社交Party等，满足青少年寓教于乐、社会交往、自尊、共情等多元心理需求。

二、赋能青少年红色旅游之更多权利

（一）强化目的地思维

避免区域发展不平衡的“马太效应”。

课题组调研发现，对于青少年旅游者，尤其是少年旅游者，对红色旅游重点城市/目的地的认知和旅行期望，是呈现分层的。高认知、高期望的城市，集中在井冈山、延安、遵义、长沙、湘潭、西柏坡等革命圣地，以及北京、上海、武汉等国内头部综合型旅游目的地。而相对低认知、低期望的城市，或本身尚未跻身于头部流量型目的地阵营，或因缺少文化产品的符号化带动，网红打卡吸引力较弱。

进一步强化红色旅游的目的地思维运营能力，避免区域发展不平衡的“马太效应”，一是要强化低知名度目的地与周边红旅头部目的地或交通枢纽型、集散型目的地的合作；二是加强与1～2小时高铁圈客源市场的关联，在青少年研学旅行、共青团活动、志愿者实践等领域，形成与各客源城市大中专院校、中小学的合作网络；三是在做好红色旅游的产业规划，根据严谨的市场调研，在重要红色旅游景区/度假区/教育基地周边，合理布局青少年喜爱的餐饮、文化娱乐业态，加强在地红旅文化 IP 与配套业态的合作，如与景区内、周边的国内外知名快餐连锁品牌合作，推出带有景区文化 IP 授权的手办、玩偶、盲盒、文具等文化创意产品。

（二）提高出游便利化

课题组调研发现，与“亲子家庭”庇护下的中小学生相比，那些脱离了家庭部分“结构性庇护”的青年，需要更多出游便利性，如组织方式、交通、消费优惠的关照。为青少年红色旅游的权利赋能，首先，对于出游便利性的赋能，包括提高红色旅游景区的学生票折扣力度、鼓励有条件的景区提供学生多人优惠团体票、家庭游优惠套票；其次，进一步提高红色旅游景区的交通便利性；最后，与各大高校校园服务 APP/微信小程序合作，接入高校所在地本地及周边红色旅游景区、经典线路、创意产品及其配套的门票、交通、文创零售等服务。

（三）完备解说体系

课题组认为，完备的红色旅游解说体系，是由四部分构成的（见图 5－16）。一是文本表达，包括文字展板系统和解说词系统。针对调研中反映的“解说内容太枯燥”等问题，既要注意展板系统的信息可视化设计，通过统计信息图、示意信息图、地图信息图、逻辑结构信息、历法信息图和交互信息图（装置）等方式降低青少年信息加工的门槛；又要注意多以微观叙事设计针对不同学龄受众的解说词，因为多数历史展览习以为常的“集体群像”叙事模式下，往往微观叙事能够提供一种全新的价值传播路径，能够给展览带来差异性与新奇感。

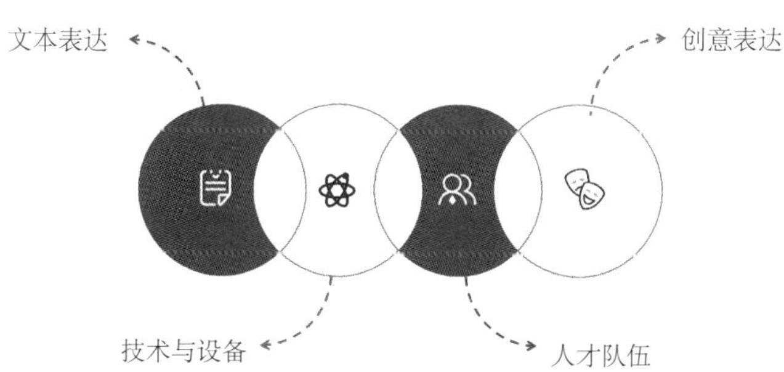

图 5－16 红色旅游解说体系的构成

二是技术与设备，包括解说系统的辅助软硬件、信息展示/互动设备、影音系统等。课题组调研发现，借助场景重现、影音辅助展示战争与历史场景的展示与解说方式，尤其吸引低龄参观者。对于具备条件的红色旅游展馆/纪念馆、革命遗址与圣地，应充分利用虚拟现实、增强现实、3D/4D/5D、全息影像等硬件设备与技术，提高解说信息的真实性、趣味性与互动性。

三是人才队伍，包括专职解说队伍，以及志愿者队伍。针对调研中反映的“解说人员/老师没有吸引力”等问题，对于有条件的红色旅游展馆/纪念馆、革命遗址与圣地，既要注意培养针对小学、中学、大学生不同学龄群的讲解人员，更要充分利用社会资源，培育志愿者讲解队伍。对于红色旅游目的地来说，源自本地的志愿者文化建设，也是提高身份认同、文化自觉与自信的有效手段。

四是创意表达。作为博物馆/展馆、纪念馆与红色景区的周边零售，文化创意产品作为一种创意表达，不仅是可以出售物质化商品，也是红色文化解说系统的延伸。功能性、趣味性、知识性是文创产品需要具备的基本属性，满足游客的期望型甚至兴奋型需求，而产品质量则是底层要素，满足游客的基本型需求。调研发现，大部分红色旅游的文创产品具备基本的功能性与趣味、审美，但知识性不足，无法承担解说的时间线、故事线延伸，当产品仅仅具备基础功能和设计，甚至无法达到基本的质量保证，游客满意度下降，创意产品也陷入红海竞争的恶性循环。

（四）鼓励产品模式创新

创新更多产生自“城市更新”与乡村振兴。

课题组调研发现，围绕红色文化遗产、文化 IP 的旅游产品模式创新，深受青少年欢迎。调研显示，随着学龄的增长，对红色文化主题的小镇/街区的关注程度逐渐升高，复合型业态对青年群体的虹吸效应更加显著。“红色文化 + 主题公园”等基于设计风格、技术加持的创新产品模式，也得到大部分青年游客的认可，尝试意愿较高。在国内长线游和出境游消费被周边游、微旅游、轻度假暂时性、部分性替代的背景下，围绕城市人口的主题街区/小镇、主题公园等产品形态，受到更多关注。除了基于 3D/4D/5D 等科技的产品表达创新外，响应“Z 世代”审美旨趣的设计、创意玩法，都应该受到鼓励。例如，上海的“发现之旅”，经过专业文献资料调研、现场行走考察、党研史专家指导审核，通过对上海红色旅游资源的深度挖掘、梳理和整合，将红色之旅与慢游上海相结合，同时融入答题闯关、剧情设定、角色扮演、任务社交等年轻人喜闻乐见的元素，独立研发任务系统，打造独特的浸润式体验，突破性创新了红色旅游新模式。根据产品官网，目前“发现之旅”拥有四款线路产品，分别为“中共一大·回到1921”“中共四大·力量之源”“龙华精神·英雄之城”“发现之旅·历博寻踪”，点亮黄浦、虹口、徐汇三大区域。又如，由广东革命历史博物馆主办的《1927·广州起义》红色主题沉浸式话剧，以广州起义作为故事背景，观众进入场馆便身临其境，宛如回到20世纪20年代场景中，在战火中和共产党士兵一起建立和守护红色政权。剧中巧妙地加入齐唱《国际歌》、重温入党誓词、佩戴广州起义标志红布带等互动环节，观众自己也化身为演员，和话剧中的人物命运一起沉浮。

（五）丰富红色亲子游产品

同时关照家长与少年子女的需求。

课题组调研显示，针对中小学生，尤其是12岁以下的亲子游市场，家长依然在红色旅游决策中扮演权威角色。携程发布的《2021上半年红色旅游大数据报告》显示，国内三成家庭选择红色亲子游。因此，提供多元丰富的亲子游产品、关注亲子体验的细节设计是十分重要的。一是关注多亲子家庭的组团式、结伴式旅行方式，如2021年国庆期间春秋旅游推出的“建筑可阅读”微游产品，由多组家庭组成的亲子游客精品团，通过“红色专线车”包车探访中共一大纪念馆、二大会址纪念馆、四大纪念馆。二是增加“红色旅游”景区“软实力”，提升亲子游客的体验感，如引进亲子互动类或益智类的卡牌游戏，通过卡牌娱乐方式了解家庭亲密关系的现状和改进方向，具体操作方式可参考湖南亲密关系类综艺节目“再见爱人”中的爱情卡牌小游戏“令人心动的cp”；益智类卡牌游戏如“卧底画家”“加10赛”“小兔一家亲”“小鸭农场”等优质体验游戏。三是围绕“红色IP”打造全国红色纪念卡收集活动，增加集齐红色体验纪念卡兑换“红色旅游”大礼活动，可将红色文化相关影视、动漫汇集成册，以大礼包形式赠予那些集齐“红色”纪念卡的热爱红色旅游的游客。

第六章

新时代我国红色旅游与红色文化融合发展的典型案例

第一节　新时代我国红色文创商品的消费需求特征和供给质量研究*

一、我国红色文创商品发展现状

（一）发展概况与阶段属性

2004 年至今，我国出台了三期全国红色旅游发展规划纲要，红色文创也随之起步，于 2016 年进入快速发展期，并呈现如下新亮点：第一，形成系列产品和成果，更加注重红色精神文化传承。在产品打造上，红色旅游加快向一二产业延伸渗透，形成了文化衫、邮票、纪念徽章等红色文创商品和《水上党课》《延安保卫战》《中国出了个毛泽东》等融合声光电高科技与红色文化的实景演艺成果。第二，更新开发理念，注重与技术和其他产业要素融合。2019 年，新中国成立 70 周年之际，首次开展全国红色旅游文创产品和红色旅游演艺创新成果征集活动对其进行检验，红色文创发展理念不断升级更新，重视通过技术提升改进提高实物产品质量。第三，成立专门机构，注重文化品牌打造。2020 年 6 月，上海成立"红色文创发展中心"，推动"新文创赋能，激活红色档案"，打造红色文创品牌。2020 年底，中国国家博物馆等 34 家机构共同创立"红色文创联盟"，建设跨行业平台，以产业化思维探讨文创发展道路。

当前，在赣浙沪等经典红色旅游目的地已形成红色文创商品发展的典型地方实践，然而，在全国层面上红色文创商品行业处于初级发展阶段，表现

---

* 该部分由韩元军、黄雪莹等共同完成。

出供需不匹配、亟待政策引导和资本投入的鲜明特点，其阶段属性包括：一是处于政策引导期，表明了政策及政府行为在红色文创商品行业发展中的关键作用；二是处于市场培育期，预示了供需不均和错配现象会持续相当长一段时间；三是在需求扩容期内，则提示了我国红色文创商品行业旺盛的融资需求。

（二）发展动因

2016 年红色文创商品行业快速发展，主要由三股力量共同催化。一是政策促进为红色文创商品行业的发展确定了方向和基调。国务院办公厅发布的《关于推动文化文物单位文化创意产品开发若干意见》及文化和旅游部、中宣部等 8 部门联合印发的《关于进一步推动文化文物单位文化创意产品开发的若干措施》等陆续出台，各省市地区积极出台相关意见推进文创产业创新发展，提出各级各地文创产业发展的主攻方向、重点领域、发展思路和发展措施，成为红色文创商品行业的助推器。二是文化自信强化了国人的红色文化消费需求。党的十八大以来，习近平总书记反复强调文化自信。文化自信既源于中国古代优秀文化，更源于红色文化，在文创商品设计中表现为红色文化元素与时尚元素的结合。三是技术赋能红色文创商品研发为其注入创新驱动力。消费者从关注实物商品到追求在场体验的消费趋势，推动供给方整合、活化跨界资源开发，注重红色文创商品设计中 AR/VR 等高科技手段的应用，使红色文创消费更具故事性、体验性和互动性。

（三）活动和赛事举办情况

1. 全国层面

2019 年和 2021 年先后两次展开全国红色旅游文创产品和红色旅游演艺创新成果征集展示活动，得到各省（区、市）积极响应（见表 6－1）。

表 6－1　2019 年和 2021 年全国红色旅游文创产品和演艺成果征集活动情况

年份	活动名称	红色文创产品		红色演艺成果	
		各省份选送总数（个）	遴选出优秀成果数量（个）	各省份选送总数（部）	遴选出优秀成果数量（部）
2019	全国红色旅游文创产品和红色旅游演艺创新成果征集活动	705	200	97	12

续表

年份	活动名称	红色文创产品		红色演艺成果	
		各省份选送总数（个）	遴选出优秀成果数量（个）	各省份选送总数（部）	遴选出优秀成果数量（部）
2021	全国红色旅游创意产品和红色旅游演艺创新成果征集展示活动	4 000	300	110	17

2. 省市层面

2019 年以来，已有 13 个省（区、市）先后举办了红色旅游文创商品征集展示、设计评选专题活动和赛事（见表 6 – 2）。

表 6 – 2　2019 年以来省级层面红色文创商品征集评选活动与赛事

举办省份	活动或赛事名称	举办年份
北京	北京文化创意大赛红色文创赛区暨首届“红色马栏杯”红色文创大赛	2020
天津	天津市大学生红色文创设计大赛暨第三届天津博物馆文创产品设计大赛	2020
上海	上海红色文化创意大赛	2019、2021
福建	第八届福建文创奖 · 红色文创大赛	2021
江西	江西省首届（工美）“红色记忆”文创产品设计大赛	2021
山东	第三届山东省文化和旅游商品创新设计大赛暨“致敬 100 · 红色印记”文创产品征集活动	2021
河南	造物中原 礼赞百年 · 河南红色文创作品征集	2021
湖北	“红色文化述初心”大学生红色文化创意大赛	2021
湖南	湖南省“花明楼杯”百年 · 湖南红色文创大赛	2021
重庆	第二届“天府文创”大赛 暨红色文创大赛	2021
四川	“天府文创”大赛暨红色文创大赛	2020
青海	第一届青海省大学生红色旅游创意策划大赛	2021
宁夏	宁夏博物馆红色主题文创大赛	2021

国家、省级赛事推动了全社会对红色文创商品行业的关注，极大促进了中国红色文化创意产业发展，涌现出一大批亮眼的红色文创作品。然而，展示和遴选出的优秀作品并非都能转化成适应消费市场需求的好产品，要完成转化还需进行深度市场调研。

（四）市场规模与认知现状

根据文化部官网信息，自 2004 年有统计以来，红色旅游游客接待量从 1.4 亿人次增长至 2019 年的 14.1 亿人次，2004～2019 年接待总人次 102.28 亿人，已成长为“圈粉”众多的大产业。2019 年，红色景区是“不忘初心、牢记使命”主题教育的生动课堂，根据中国旅游研究院红色旅游大数据平台，纳入统计的 370 家红色景区接待党员干部 4 882.14 万人次，比 2018 年同比增长 17.8%。一边是日渐旺盛的红色旅游市场需求，一边是低端无趣的红色旅游商品，两者之间的矛盾已成为地方、行业和游客的共同感受，直接推动了红色文创商品的研发。

根据中国旅游研究院红色旅游专项调查综合测算，2019 年我国红色文创商品市场规模约为 684 亿元。红色文创商品行业正伴随红色旅游发展不断壮大，特别是随着时尚、科技、影视、动漫等元素融入红色文创商品，以年轻人为导向的红色文创市场正在加速市场化、大众化、精品化。

课题组调查发现，市场上红色文创商品的服务属性还未被消费者认知，消费者期待体验、购买的实物类商品（86.53%）的比例远高于服务类红色文创商品（13.47%），如图 6－1 所示。造成这种局面的原因：一是由于处于初级阶段，市场上红色文创商品以实物为主，服务类商品较少；二是红色文创商品触及消费者的渠道较少，导致买方了解的信息有限。因此，红色文创商品头部企业需担负起消费者教育和启蒙的重任，在红色文创商品的市场角逐中为服务类商品率先走出一条通路，推动服务类红色文创商品的发展，进而使其成为未来市场新的增长点。

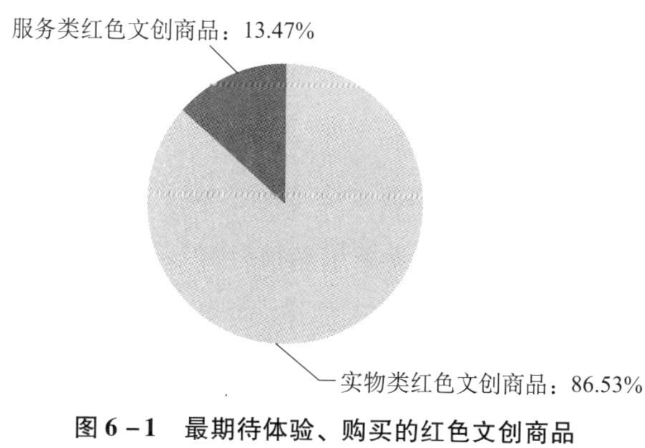

图 6－1　最期待体验、购买的红色文创商品

二、红色文创商品的消费需求规律研判

2021 年课题组就红色文创商品购买意愿、目的、影响因素及行为偏好等开展线上、线下问卷调查，发放问卷 454 份，有效问卷为 453 份，总有效率为 99.78%。

（一）社会人口结构特征

本次所调查的红色文创商品消费市场人口结构统计特征中，男性占比高于女性，年龄结构以 18～30 岁的青年人为主，其次是 31～45 岁的中年人。职业方面，学生占比最大，其次是国家机关、事业单位、国有企业人员，公司职员与自由职业者、退休人员占比较低。如表 6－3 所示。

表 6－3　红色文创商品消费市场的社会人口结构特征

项目	内容	从数（人）	百分比（%）
性别	男	270	59.60
	女	183	40.40
年龄	18～30	299	66.00
	31～45	99	21.85
	46～60	51	11.26
	61 岁以上	4	0.88
职业	国家机关、事业单位、国有企业人员	118	26.05
	公司职员	27	5.96
	自由职业者	19	4.19
	学生	274	60.49
	退休人员	5	1.1
	其他	10	2.21

资料来源：根据 2021 年红色文创商品消费市场调查整理。

（二）红色文创商品消费关键词

1. 纪念＋教育

纪念与教育是红色文创商品购买的主要目的（见图 6－2），表现为旅游纪念品收藏（占 52.32%）和子女思想品德教育（占 20.75%），自主使用的比例占到 12.8%，作为礼物赠予他人的只占 6.84%。

红色文创商品给消费者带来的收益主要表现为精神方面，有助于人们获得精神方面的熏陶、升华。它是特定时期的历史见证，人们以红色文创商品

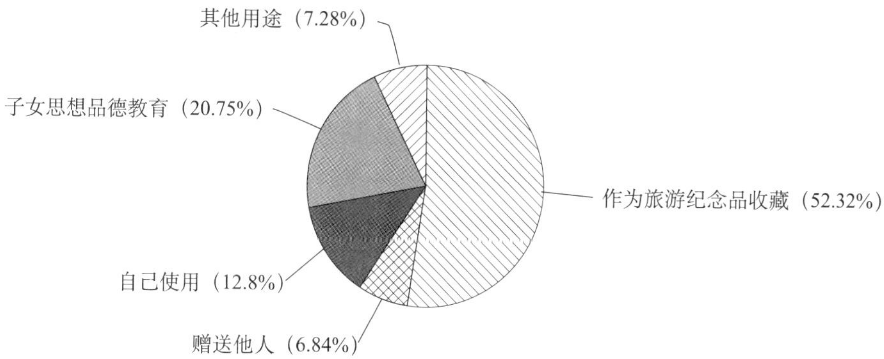

图6－2　红色文创商品购买目的

为载体，铭记历史（占91.17%），此外，还有珍惜当下（占75.06%）、致敬先辈（占73.07%）和牢记党恩（占70.64%），如图6－3所示。

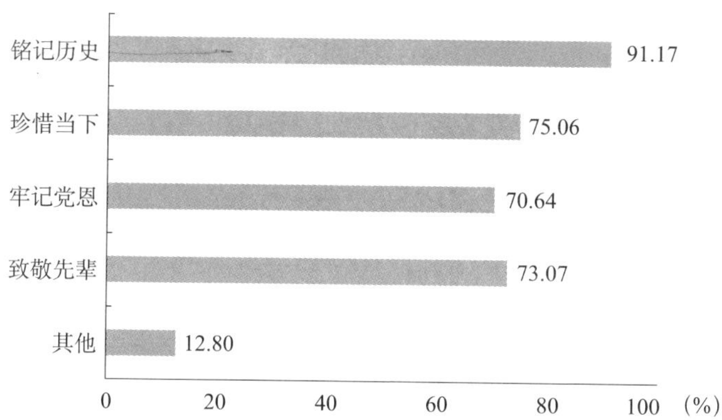

图6－3　购买红色文创商品的精神收益偏好

2. 纪念品＋生活周边

纪念品是最受消费者关注的红色文创商品品类，在消费者的购买品类偏好中，工艺礼品占61.81%、服装配饰占47.02%、旅游户外用品占39.74%、家装家居用品占37.09%，与此同时，生活周边文创商品关注度提升。红色文创与日用生活应用结合的生活周边型产品也成为市场关注的新热点，如图6－4所示。

3. “意”足＋“牌”弱

消费者更偏爱红色文创商品的“意”，商品“品牌”的影响力较弱。消费者在选择红色文创商品时，首先考虑其文化内涵（占81.24%）、收藏纪

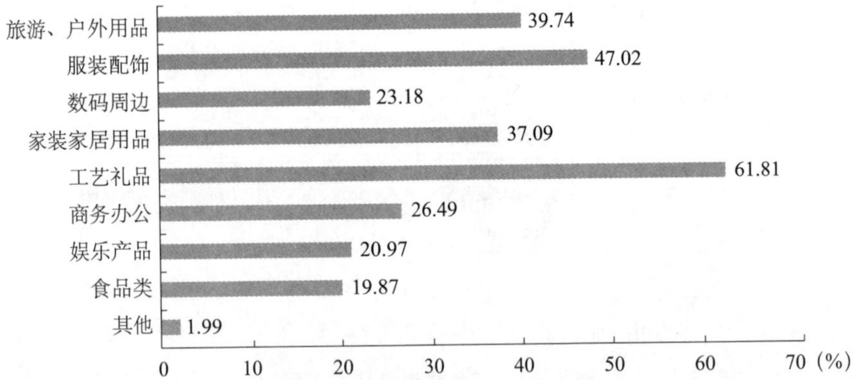

图 6－4　红色文创商品的购买品类偏好

念价值（占比 64.68%）、独特创意（占比 62.25%），而对品牌（占比 8.61%）关注度较低，如图 6－5 所示。在行业发展的初级阶段，行业内缺少强势的品牌企业，可能是商品品牌价值被消费市场的买方所忽略的主要原因。

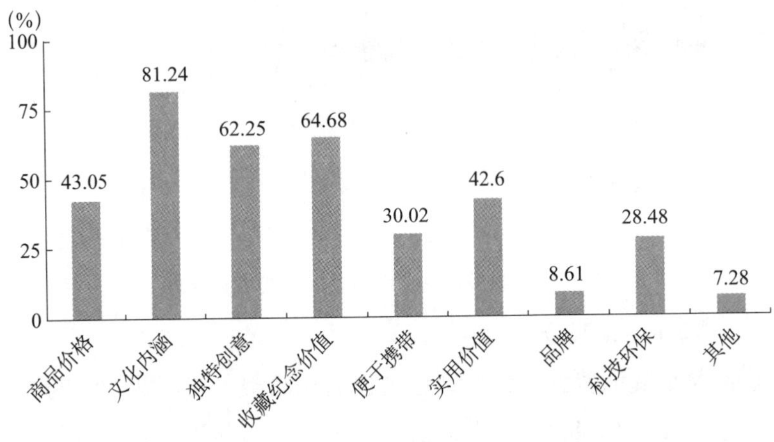

图 6－5　购买红色文创商品的各要素关注度

4. 价格亲民＋文化体验

从支出意愿看，一次外出旅游在红色文创商品消费上愿意承受的总费用以 200 元以下人群（占 79.47%）为主（见图 6－6）。从购买单价看，49% 被调查者接受 21～60 元价格区间，31% 接受 61～100 元价格区间，如图 6－7 所示。21～100 元价格区间的商品购买意愿达到 80%，红色文创商品主流消费的关键词是价格亲民。价格是未来红色文创商品消费升级面临的较大挑战。

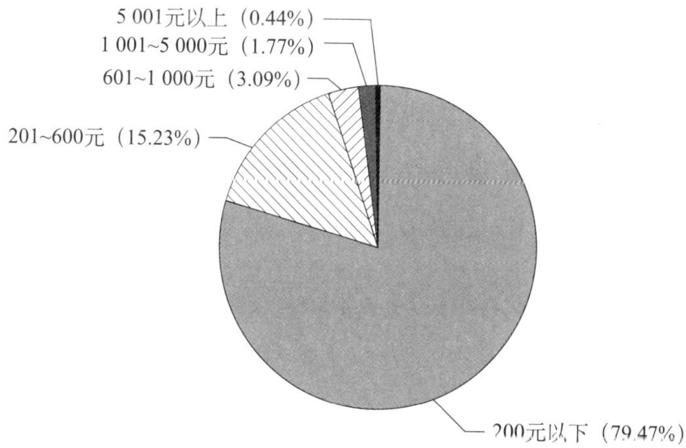

图 6－6 红色文创商品购物预算

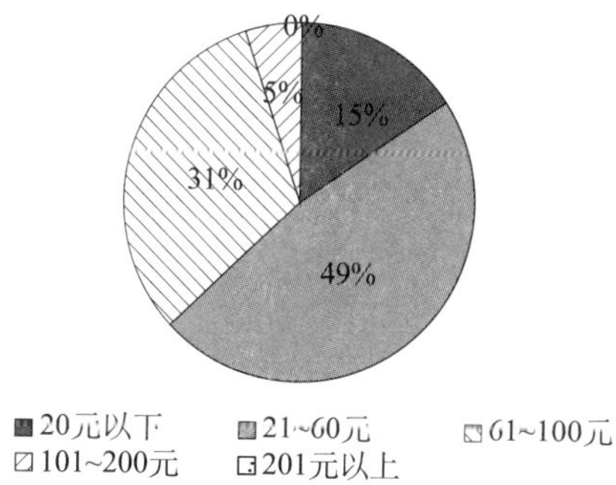

图 6－7 单个红色文创商品的接受价格

消费者购买红色文创商品主要源于对文化体验的追求。一方面，在场体验直接促成红色文创商品消费行为决策，78. 59% 的受访者表示受到“现场感受”的影响购买了红色文创商品；另一方面，46. 36% 的受访者表示受“热播影视作品的影响”，说明间接的故事性体验也对红色文创商品消费起到积极作用（见图 6－8）。

5. 现场＋网络

旅游现场与互联网平台是人们了解红色文创商品信息的主要媒介。人们主要通过旅游现场看到（占 54. 75%）或通过微信、抖音等互联网平台信息了解（占 53. 64%）红色文创商品信息（见图 6－9）。红色文创商品是一种

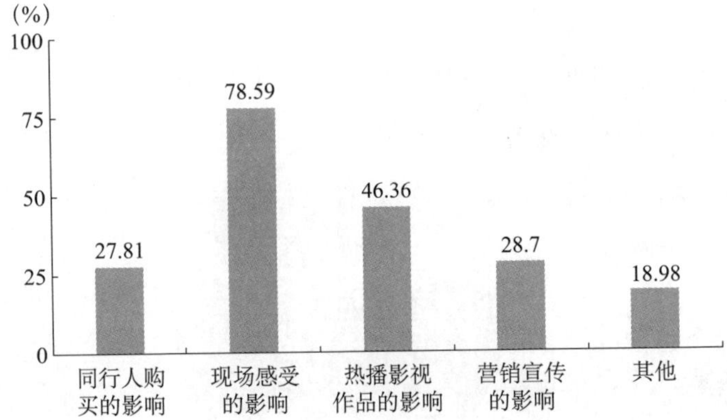

图 6-8　促进红色文创商品购买行为的影响因素

认知性商品，其特点是数据信息和体验感受对购买决策的影响都很大[①]。商品的某些属性信息，如商品款式、品牌、材料、颜色等可通过文字或图像等数据信息传达；也有一些属性信息，如文化内涵等因难以清晰描述而需要通过触、摸、看、闻等现场体验来感知。因此，"旅游现场+网络平台"的信息传播组合，将极大提升红色文创商品信息传播的效率与效益。

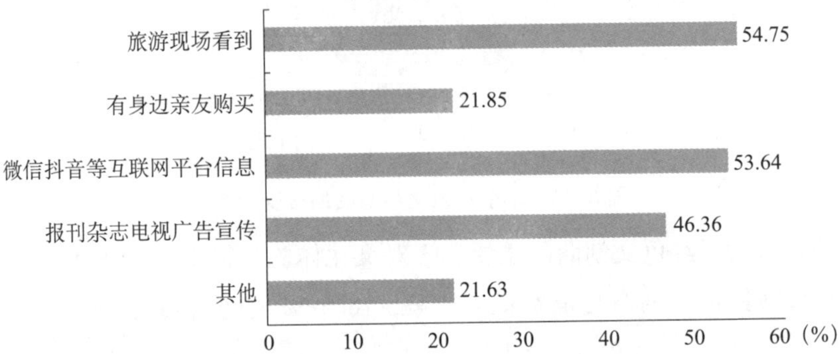

图 6-9　了解红色文创商品信息的媒介偏好

从图 6-10 中可以看出，30 岁以下年轻消费市场的数字化媒介使用习惯，是 30 岁以下年轻人了解红色文创商品信息最重要的渠道（占 61.54%），也是 31~45 岁市场了解商品信息的主要方式之一（占 44.44%）。

① 王琴，张磊，马健．网店与实体店的关系机理与模式选择——基于溢出效应的分析［J］．中国工业经济，2015（7）：99-113.

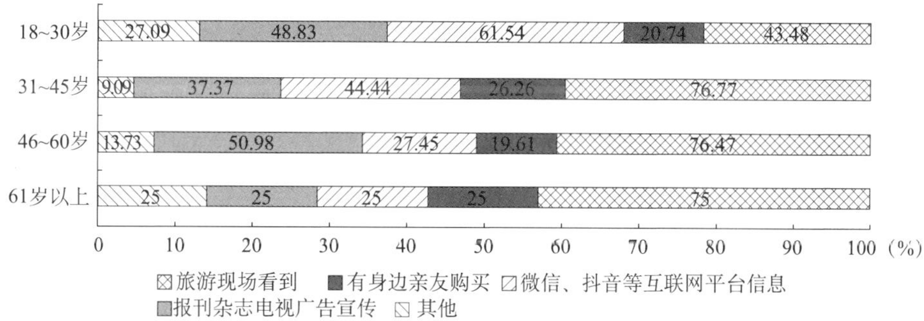

图 6－10　不同年龄段了解红色文创商品信息的媒介偏好

6. 景点景区＋礼品店

旅游者对红色文创商品消费的景区依赖性较强，传统景点景区和工艺礼品店是红色文创商品最主要的购买渠道。其中，63.13%的受访者在景点景区购买红色文创商品，占比最高；其次是在创意礼品店、生活馆购买，占比为60.93%；而在淘宝、京东等电商平台下单的受访者仅占34%，电商平台因无法提供商品在场体验，不利于消费者的初次购买，但对于复购行为却具有更多的便利性，如图6－11所示。因此，景点景区在红色文创商品促销、分销、消费者购买决策期间都扮演着至关重要的作用，也具有与红色文创商品消费相匹配的浓郁红色文化氛围，是体验式营销的重要依托。

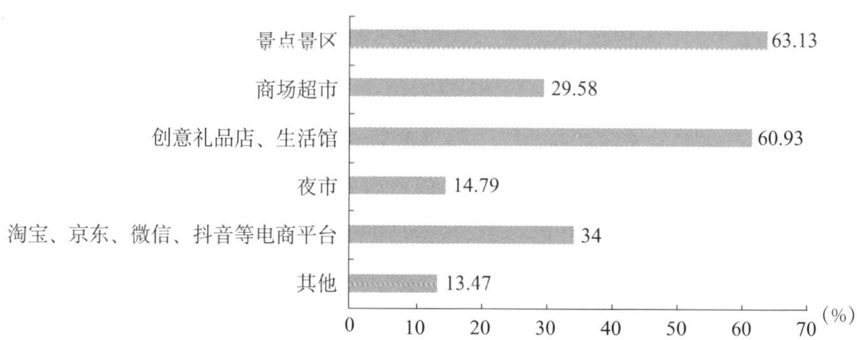

图 6－11　红色文创商品的购买渠道偏好

三、红色文创商品的供给分析

（一）红色文创商品的政策供给

2016年以来，国家密集出台引导性政策鼓励红色旅游资源向红色旅游产品、红色文创商品转化，鼓励开发红色文创商品和旅游演艺项目，以红色文创产业发展为着力点促进革命老区、民族地区、边疆地区、贫困地区、乡村地区的发展，推动红色文化宣传，在广大人民群众中提升红色教育吸引力。具体政策文件及内容如表 6－4 所示。

表 6－4　　鼓励红色旅游文创商品发展的政策

发布年份	文件名称	发布机构	主要内容
2016	《关于推动文化文物单位文化创意产品开发的若干意见》	国务院办公厅	将文化创意产品开发作为推动革命老区、民族地区、边疆地区、贫困地区文化遗产保护和文化发展、扩大就业、促进社会进步的重要措施
2016	《关于进一步加强文物工作的指导意见》	国务院	深入挖掘文物资源的价值内涵和文化元素，更加注重实用性，更多体现生活气息，延伸文博衍生产品链条，进一步拓展产业发展空间，进一步调动博物馆利用馆藏资源开发创意产品的积极性，扩大引导文化消费，培育新型文化业态（含革命文物）
2016	《关于加大脱贫攻坚力度支持革命老区开发建设的指导意见》	中共中央办公厅、国务院办公厅	积极支持老区精神挖掘整理工作，结合红色旅游组织开展形式多样的主题活动，培育壮大老区文艺团体和文化出版单位，扶持创作一批反映老区优良传统、展现老区精神风貌的优秀文艺作品和文化产品
2018	《关于促进乡村旅游可持续发展的指导意见》	文化和旅游部、国家发展改革委等 17 部门	依托乡村旅游创客基地，推动传统工艺品的生产、设计等和发展乡村旅游有机结合。鼓励乡村与专业艺术院团合作，打造特色鲜明、体现地方人文的文化旅游精品。大力发展乡村特色文化产业。支持在乡村地区开展红色旅游、研学旅游
2018	《关于实施革命文物保护利用工程（2018—2022 年）的意见》	中共中央办公厅、国务院办公厅	建设一批革命文物类全国爱国主义教育示范基地和中共党史教育基地，建成一批革命文物保护利用示范基地，推介一批红色旅游精品线路，开发一批革命文物宣传产品和文化产品
2019	《关于促进旅游演艺发展的指导意见》	文化和旅游部	积极开发红色旅游演艺项目
2021	《关于新时代支持革命老区振兴发展的意见》	中共中央办公厅、国务院办公厅	深入挖掘革命文物的价值内涵和文化元素，运用市场机制开发更多文化创意产品，促进文化消费
2021	《关于在全社会开展党史、新中国史、改革开放史、社会主义发展史宣传教育的通知》	中共中央办公厅	深入挖掘红色文化内涵，精心设计推出一批精品展览、红色旅游精品线路、学习体验线路。要用好网络平台，发挥融媒体优势，制作播出一批接地气、易传播、群众爱听爱看的网络文化产品和文艺作品

（二）红色文创商品重要供给主体

1. 红色文创企业

目前，文创相关 A 股上市公司包括奥飞娱乐、美盛文化、文化长城和德艺文创，然而这 4 家上市公司都未涉足红色文创相关业务开发。新四板上市公司中仅兵博创客 1 家属于红色文创企业，此外，还有功夫动漫和一起文创社等典型红色文创企业。部分相关企业简况如表 6 – 5 所示。

表 6 – 5　部分红色文创企业简况

企业名称	简介	知识产权
兵博创客	兵博创客旗下的深圳（中国）特林兵博物馆，以展示特林兵部队、橡胶生产相关实物、影像资料为主，涵盖电视剧、电影、动漫的拍摄、制作、发行；电视栏目的策划、立项；演员、模特、作家的包装、经纪、培训；影视、电视、广告片、宣传专题片的策划、拍摄、制作；演唱经纪、书籍出版，形成各部分相互协同、深入发展的运营平台	48 项
功夫动漫	动漫设计、制作及动漫信息咨询服务；网络设计，网络游戏开发与应用，品牌推广，工艺品开发与销售，软件设计。兴国县人民政府联合其共同打造了 52 集大型 3D 动画连续剧—《长征总动员》	902 项
一起文创社	主营 IP 周边与文创产品，拥有淘宝店铺一起文创社和鲁迅故乡的礼物	——

资料来源：作者从相关企业官方网站整理所得。

2. 红色旅游景区

根据前述红色文创商品消费行为的调查结果可知，旅游者对红色文创商品的购买行为具有较强的现场依赖路径，因此，红色旅游景区成为红色旅游文创商品的主要供给主体，开发商品涵盖红色旅游文创纪念品、手工艺品、家居用品、办公用品、户外用品、地方特产及红色演艺剧目等。根据 2017 年国家发展和改革委公布的《全国红色旅游经典景区名录》，300 家红色旅游经典景区中，大多属于事业单位，在红色旅游文创商品开发和经营中面临的一般性问题有以下三个方面。

（1）体制问题。大部分红色旅游景区是纪念馆、博物馆，其管理方为事业单位，这一单位性质决定了红色文创商品的经营权不在自身，收益与单位无关，且易造成行政拨款数量减少等问题，影响红色文创商品研发和经营的积极性。这一问题在许多革命老区的纪念馆、博物馆中尤为突出。

（2）产业化程度不足。一是市场化程度不足，研发转化为有效供给的能力有待提升。目前，许多博物馆或纪念馆采用特许经营或委托第三方公司经营的办法，红色文创商品研发投入大，销售量跟不上，存在投入大于产出的共性问题。二是产品较单一，创意和个性化程度不足。目前，红色文创商品的开发也主要契合了单位团队建设、红色文化教育的需求，缺少有创意、个性化、多元化的商品和服务，无法满足基于散客、家庭或亲子目的对红色文创商品的需求。三是产业规模小，行业分工专业化程度较低。目前，红色文创商品行业的研发主要靠政府投入，生产制造过程较为松散，成本高，价格高，市场需求大，但供需不匹配，产业链延伸不足。

(3) 消费的景区依赖性强。78.59%的受访者表示“现场感受”会影响做出购买红色文创商品的决定，54.75%的受访者通过旅游现场了解红色文创商品，表明了红色文创商品消费的在场体验特征，也对红色文创商品供给提出了渠道变革的要求，当前的红色文创商品销售渠道主要依靠红色景区，线下商超尤其是在线渠道开发不足。

（三）红色文创商品典型案例[*]

1. 红色文创商品典型模式一：平台引领整合

上海市：从中共一大纪念馆网红直播带货、四大纪念馆推出盲盒潮品、龙华烈士陵园实景演出，到各高校开设文创思政课，上海红色文创呈现如火如荼的发展势头，其中，最大的亮点是2020年成立的“红色文创发展中心”，致力于打造连接资源方（地方政府、红色地标、市/区档案局等）、创意方（设计团队、艺术家）、生产方、宣传平台、传播渠道和终端用户的“产学研”一体化红色文创平台，促进红色文化、旅游和商业高度融合，打造红色文创品牌，传播好新时代红色文化。主要做法有以下三种。

第一，文创赋能，挖掘红色档案。将红色旅游、红色文创衍生品、新媒体电商等结合起来，从策划、创意、设计、销售、运营、服务六位一体，以多媒体沉浸式互动情景党课等多种方式讲好红色历史，传播新时代红色精神正能量；例如，联合红屏教育推出“红屏天下”多媒体直播云红党课，推出“上海礼物”网上商城等。

第二，依靠科技，创新驱动。上海红色文创发展中心推出的《光辉的渔

* 典型案例根据各类新闻报道整理而来。

阳里》赋予红色经典故事更多现代属性，提高红色文化在青年人群中的影响力。

第三，以赛吸粉，跨界升级。特邀上海美影厂、文博场馆知名动漫机构参与孵化国潮文创 IP，不断完善商品体系，促进城市文旅产业链延伸。

2. 红色文创商品典型模式二：影视 IP 跨界

赣州市兴国县：赣州市兴国县人民政府联合功夫动漫以红色动画献礼建党百年，打造了长征超级 IP《长征先锋》，通过 IP 跨界授权，多点衍生，对准青少年市场发力，已推出办公用品、工艺品、服装鞋帽、玩具周边等长征 IP 红色文创商品。主要有以下两种做法。

第一，长征 IP 跨界创新。通过授权、联名等方式增加与用户互动，特别是对准青少年市场，吸引青少年注意力，塑造更有价值的 IP 品牌。2021 年开业的《长征先锋》IP 服饰体验馆，既融合了片中形象和场景，更在服饰设计中巧妙融合长征文化。

第二，利用长征 IP 多点衍生。融合长征文化基因形成兴国城市符号，衍生手游、AR 体验、玩具周边等产业生态，推动兴国城市形象、文化旅游、文创产业及实体经济走向高质量发展。

3. 红色文创商品典型模式三：名人 IP 挖掘

绍兴市鲁迅故里景区：鲁迅故里景区先后针对中小学生开设了“三味书屋 · 鲁迅故里”研学游课程，针对党建需要推出 2018 年“红色记忆——鲁迅与共产党人”研学教育活动、“红色记忆——鲁迅与共产党人”专题展览，针对清廉教育推出了流动的清廉研学思政课。在研学游活动中，将红色文创与文旅场景紧密融合，结合对红色文化的理解和体验，使场景化消费成为重要的销售渠道。主要包括以下几种做法。

第一，名人 IP 引领文创商品开发。通过对鲁迅及其文学作品中虚拟人物 IP 化，借鉴现代卡通、手绘等表现手法，将 IP 元素植入，开发体现绍兴文化特色的文创系列产品，并进行市场化运作。

第二，打造自主版权文创商品。自主研发学习用品、生活周边、服装、食品饮品等系列商品，其中，一起文创社团队研发设计了“鲁迅故乡的礼物”40 余款产品；吾是匠文创团队研发“致敬鲁迅”等系列文创商品，“迅哥儿”等 IP 形象拥有完全自主设计版权。

第三，场景化消费从线下向线上延伸。设立绍兴鲁迅故里主题邮局，打造集“邮政普服+红色旅游+集邮文创+休闲生活”于一体的旅游网红打卡地。一起文创社除了常规的线下景区销售渠道外，电商平台是主要销售渠道，其淘宝平台粉丝数 19 187 人，带动了电商平台鲁迅 IP 文创商品销售。

第四，文创开发将文化价值、实用价值和在场体验统一起来。一是针对年轻人市场开发“可带走”的文化，选用鲁迅名人 IP 元素，将设计与生活统一，开发钥匙扣、杯垫、冰箱贴等生活周边文创产品。二是注重在场体验性商品开发，如开发了一款与《从百草园到三味书屋》同名的 3D 文创雪糕，颜值高且深藏文化内涵，将鲁迅笔下百草园、三味书屋里的黄蜂、鸣蝉、叫天子、刻过早字的课桌等 10 余种作品原型生动呈现在雪糕上。

四、红色文创商品发展的未来展望

（一）红色文创商品发展趋势

1. 从注重艺术性向注重实用性转型

目前，市面上售卖的红色文创商品大多数在于满足人们“作为旅游纪念品收藏”（占 52.32%）的需要，产品实用性不强（占 46.36%）是限制消费者购买行为的主要因素之一。在此次调查中，83.22% 的受访者认为“商品的实用性比时尚性更为重要”，63.8% 的受访者则表示“商品的生活化使用价值比艺术收藏价值更为重要”。因此，以“文创+实用”“文创+生活”，增加红色文创商品的生活化使用场景、提升商品的实用性价值，既是未来红色文创商品市场的发展趋势，也是创新赋能红色文创发展的必然选择。

2. 从实物型产品向实物与体验并重型转变

当前，较为单一的实物型商品已不能满足追求多维体验的市场需求，红色文创商品开发也从实物产品形式向兼具实物和体验的产品形式转化，开始重视红色文化资源的立体化创意开发，出现了鲁迅故里文创雪糕、《1927·广州起义》等沉浸式演出、《冲锋吧！红军》红色游戏、5G+VR 红色文化体验馆等形态多样的红色文创产品。未来，红色文创的应用场景将继续拓展，一是向生活领域渗透，二是时尚感提升，三是体验性增强。

3. 从商品开发向超级 IP 打造转变

当前红色文创在产品设计理念和价值挖掘上普遍存在短板，深层文化内涵支撑不足，针对当前短板，部分地区红色文创开始在独特的内容制造、自带话题的势能价值、数字化整合应用、流量变现等方面布局。未来，红色文创开发将以商品为基点向以文化内涵更丰富的超级 IP 为核心转变。

4. 从传统渠道向新兴渠道变革

调查发现，红色文创商品的购买渠道以景区（点）商店、工艺礼品店为主，传播渠道也以电视、纸媒、节庆会展为主，融媒体、移动社区等新兴渠道使用不充分。移动互联网时代，文化消费呈现垂直化、细分化趋势，传播渠道社群化、多样化趋势明显，因此，红色文创传播和营销正面临渠道变革，积极触网，打造线上、线下 O2O 立体式营销渠道。

（二）未来发展空间及重要对策

1. 商业化机制改革探索，激发红色文创市场活力

全国红色旅游经典景区中，许多单位拥有自主创作的商标、专利或作品著作权等知识产权，但产品商业化程度不高，市场活力不足。为有效盘活红色文化资源，应鼓励支持地方政府国有资产运营公司，以出资联办等方式参与到红色文创商品研发、设计和运营中，提高红色文创产业化、商业化水平。同时鼓励社会资本以出资联办、民办公助、公办民助、特许经营等多种形式，拓展红色文创商业化模式，激发红色文创市场活力。

2. 数字化应用驱动，加速红色文创爆发的新拐点

一是红色文物和红色文化数字化建档，建立红色文化数据库。首先，利用数字技术将散落的革命遗址遗迹、红色历史档案、革命文艺作品进行数字化建档，分门别类、系列化标签，把相关图片、文字、属性、音频、视频纳入文献库，实现全国范围的革命文化和红色文化资源数字化共享。其次，提炼、展示红色文化基因，便于红色文创开发者精准、科学地使用各类红色文化基因进行创意开发。

二是红色文创数字化运营，“内容升级 + 体验形式”促进文化价值向产业价值转化。一方面，移动互联网将加速红色文创运营的数字化进程，通过布局线上新媒体矩阵（微博、微信、短视频、头条、直播等）、开设电商渠道（淘宝、京东、拼多多等）和开发互联网产品（云党课、红色动漫、红色在线剧目）等，实现内容升级并从多维渠道触达用户，增加曝光和互动，积累数据，使商业化运营能够得到市场的及时反馈和数据指导。另一方面，

AR/VR、全息影像等技术赋能红色文创服务创新，红色旅游和节庆会展的在场体验形式将更加多样，红色文博声量数字化应用逐渐进入深水区，在红色文化、产业创新和教育改革叠加背景下，将从场景化消费创新、亲子教育与儿童素养提升、红色IP产业跨界商业模式创新等方面开展探索。

3. 城市博物馆的深度利用，促成新中国建设成就展示的新空间

新时代城市博物馆是展示城市发展历史和现代化建设成就的重要空间，也是传播红色文化、铸牢红色信念、弘扬社会主义核心价值观的重要载体，在城市博物馆的建设和运营中应考虑以下几点。

一是精准定位城市发展的历史方位。城市在不同时期发展历程中的成就和矛盾要放在大的历史时空中去分析和思考，既肯定在党的领导下城市发展取得的成绩，又不回避因各方面原因所走过的弯路，同时最重要的是对未来的发展充满信心，这是博物馆成为红色阵地的根本所在。

二是打造具有极高辨识度的“城市+红色IP”。充分结合本地特色，将其独特的发展历程、特有的发展故事和文化内涵挖掘出来并具体形象化，让城市发展变得有血有肉、活灵活现，结合红色文化打造具有极高辨识度的城市IP。

三是提供多元化、个性化的红色文创体验服务。在开发和运营过程中，注重引入具有较强市场化能力和经验的运作主体，深入挖掘不同时期城市发展历程体现的红色文化和红色信念精神，并将其植根于文创产品设计全过程，考虑中小学教育、党建、亲子教育等不同需求，将城市博物馆打造成欣赏红色影音作品、品尝红色主题餐饮、体验特色活动、购买红色文创商品、硬软件互动的红色文创新空间。

4. 超级红色IP打造，提炼特征鲜明的文化内核

一是总结江西兴国经验，挖掘红色中国故事，打造更多红色IP。提高红色文创设计的整体叙事能力，结合地方历史、地域特色深入挖掘红色文化背后的故事、形象，提炼红色符号和地域文化符号，使文创商品成为红色故事、形象的链接节点，推动红色文创商品从物品向意义和情感载体的身份转换。

二是打通红色IP授权链路，完善红色文创产业链结构。通过联名、艺术授权、合作开发等方式，促进跨界衍生AR体验、主题公园、娱乐影视、食品特产、服装鞋帽、生活和玩具周边等产业生态，构建包含行业协会、版权

服务、科技服务、红色 IP 持有方、红色文创商品和文娱影视开发方、文化服务供给方、展览服务、音视频互动平台、OTA 平台、电商平台等利益相关者在内的红色文创产业链架构。

三是提升红色 IP 价值，创新商业化变现模式。首先，增加 IP 与用户的互动曝光，吸引年轻人注意力，产品供给从依靠“审美升级和新鲜感”向重视“情感链接和场景化”转型。其次，创新商业变现模式，通过红色影视文娱节目 IP，探索游戏定制、文创电商、跨界联名、综艺引流、线下展览等模式，延长红色 IP 生命力，促成红色 IP 价值的多次跃升。

5. 打造场景化消费渠道，促进红色文创运营的渠道变革

一是向线下拓展红色文创的场景化消费渠道。未来渠道竞争的重点在于红色 IP 打造基础上如何寻找渠道用户及培育用户对 IP 的认可度。消费者对红色文创商品的实用性需求增强，除红色旅游景区外，商超、城市博物馆等更加接近市场且在场体验效果较好的线下场所也应成为红色文创线下触及用户的重要渠道。

二是向线上拓展红色文创的场景化消费渠道，加速线上、线下渠道融合。根据调查，31～45 岁的红色文创消费用户具有数字化媒介使用习惯，因此，应积极总结故宫文创触网经验，发展红色文创品牌在线电商。同时，还应在商场、超市、学校、社区等实地举办形式多样、主题突出、互动体验强的创意展览，并创新变现模式，如直播带货、展览体验、跨界融合等。

三是红色文创运营渠道变革。利用红色地标、节庆会展、移动社群等多维渠道，积极构建“在地—在场—在线”的全方位立体传播矩阵。

第二节　新时代革命博物馆的旅游体验提升和红色文化传承的融合体制研究

新时代既要强调革命博物馆的红色文化传承，更要强调游客旅游体验的提升，不仅让革命博物馆吸引人来，更要“圈住”人的心。特别是革命博物馆要尊重游客需求的当代表达，通过数字化改造、场景革命以及红色文化艺术化设计，进行机制、产品、场景、解说、营销等全方面革新。只有引起广大人民特别是青少年自觉的情感共鸣，革命博物馆才会具有长久的生命力和

发展活力。

一、革命博物馆在服务国家战略和满足大众需求方面展现新活力

第一，革命博物馆正成为新时代社会主义文化强国建设的重要载体。党的十九届五中全会通过的《中共中央关于制定国民经济和社会发展第十四个五年规划和二〇三五年远景目标的建议》，明确提出到2035年建成文化强国的远景目标，并强调在"十四五"时期推进社会主义文化强国建设，这为革命博物馆在新时代发挥好红色文化传播和塑造功能提供了重要战略机遇。习近平总书记领航新时代革命文物资源保护和利用方向，为新时代革命博物馆高质量发展指明了道路。党的十八大以来，习近平总书记30余次到访革命纪念地、瞻仰革命历史纪念场所，反复强调要把红色资源利用好、把红色传统发扬好、把红色基因传承好。2019年7月，中共中央办公厅、国务院办公厅印发了《关于实施革命文物保护利用工程（2018—2022年）的意见》，提出要"提升革命文物展示水平。坚持展示方式与展陈内容相得益彰，适度运用现代科技手段，增强革命文物陈列展览的互动性体验性。创新革命文物传播方式。鼓励学校、党校（行政学院）到革命旧址、革命博物馆纪念馆开展现场教学。建立革命旧址、革命博物馆纪念馆与周边学校、党政机关、企事业单位、驻地部队、城乡社区的共建共享机制，组织开展具有庄严感和教育意义的系列主题活动。"2019年11月，中共中央、国务院印发了《新时代爱国主义教育实施纲要》，提出要广泛组织开展实践活动。组织大中小学生参观纪念馆、展览馆、博物馆、烈士纪念设施。2022年3月，中共中央办公厅印发了《关于推动党史学习教育常态化长效化的意见》，提出要着眼坚定历史自信，坚持不懈把党史作为必修课、常修课。革命博物馆的吸引力既来自文物的珍贵、建筑体量的宏大、服务设施的完善，又来自红色旅游场景的营造、科学技术的应用和旅游解说系统的设计，但其根本在于革命文化的博大精深、革命人物的感人事迹、革命精神的时代光芒。

第二，革命博物馆正成为红色文化传承和红色旅游高质量发展的重要场所。根据国家文物局数据，截至2022年3月，全国共有革命博物馆、纪念馆超过1 600家，有3.6万余处不可移动革命文物，国有馆藏革命文物总数超过100万件套。国家文物局数据显示，2019～2021年有超过100个革命博物

馆、纪念馆的年均参观人数超过百万人，分布在26个省份，特别是2021年全国依托革命文物资源接受党史学习教育人群达4.29亿人次。文化和旅游部数据显示，2019年全国红色旅游人数超过14亿人次，很多革命博物馆成为网红打卡地，红色文化成为重要精神食粮。

第三，游览革命博物馆正成为引起青少年红色文化认同、情感共鸣的当代表达方式。中国旅游研究院发布的《中国红色旅游消费大数据报告（2021）》显示，红色旅游消费者“年轻化”趋势显著。2021年，看革命动漫、读革命书籍、逛革命景点蔚然成风，感受革命文化、学习革命历史日渐成为年轻人钟情的一种新潮流。年轻人的爱国热忱不断高涨，越来越多的年轻人真真切切地开始体验“红色之旅”，年轻女性是红色旅游的主要决策者，占比高达75%，男性只占比25%。在整体红色之旅人群中，“80后”“90后”占比80%，人数依然庞大。值得注意的是，“00后”“90后”的“Z世代”人群总数占比已达51%以上，相较于2019年增长了2个百分点，年轻群体参与红色旅游比例显著提升，红色旅游正呈现越来越年轻化趋势。在革命博物馆进行红色旅游，就是通过异空间、异时间等非惯常环境进行红色记忆重构来进行当代表达，进而引起情感共鸣。表达的场景或者符号可以贯穿游览活动的全过程中，可以通过红色文创商品来表达，可以通过艺术化手段或者高科技手段打造革命场景来表达，住宿要素可以通过革命博物馆周边的红色民宿来表达。

二、新时代革命博物馆面临着高质量发展的答卷

1. 回答好革命博物馆规范发展与可持续发展协同的答卷

要科学、全面理解党中央对于红色资源以及红色文化、红色旅游发展的要求，革命博物馆的规范发展与可持续发展是相辅相成的。一方面要规范红色革命纪念设施建设中存在的贪大求洋、过度商业化、儿戏历史娱乐化、神化革命伟人等问题，另一方面要尊重旅游产业发展规模，推动革命博物馆融于地方红色旅游目的地发展，推动革命博物馆与农业、科技、体育、康养、林业等多业态融合发展，用市场方法推动革命博物馆与红色旅游目的地可持续发展，防止革命博物馆所在的红色目的地发展停滞不前。既要面向历史，保持革命遗址原汁原味，也要面向未来，满足革命老区老百姓对于现代美好

生活的向往，构建新时代以革命博物馆为核心的旅游目的地持续发展体系，充分调动经济社会发展各种要素，服务于革命博物馆的高质量发展。

2. 回答好革命博物馆的硬件建设与软件完善协同的答卷

革命博物馆要坚持社会效益优先，博物馆、纪念馆等红色景区普遍实行了免门票的政策。在这一背景下，虽然国家对革命博物馆在内的红色旅游发展加大了投入，但是限于财政资金约束，只能将大量资金重点投向有限革命博物馆的基础设施建设，而且很多资金到位时间与建设时间存在一定滞后。很多革命博物馆目前存在后续维护、深度开发的资金不足、红色旅游商品创新缓慢、人才难留住的问题。由于免收门票政策，以革命博物馆、纪念馆为代表的红色旅游项目通过市场进行融资困难较大，项目开发融资渠道有限。在地方财政资金有限的情况下，新时代要实现革命博物馆的高质量发展，除了硬件建设外，要更加注重革命博物馆与红色旅游目的地其他业态的协同发展，通过体制创新、投融资机制改革、文旅融合、从业人员素质、公共服务体系等软件提升，实现革命博物馆、纪念馆与红色目的地经济社会的协同发展。

3. 回答好革命博物馆的国内发展与国际共鸣协同的答卷

发展革命博物馆首先要立足于国内，努力回答好新时代如何在开放型社会中有效传播主流价值观、如何扩大革命博物馆的参与群体、如何解决革命博物馆投资来源的稳定性和持续性、如何提升革命博物馆创新能力以及可持续发展能力等关键问题。同时，应该看到，革命博物馆中的红色旅游资源所蕴含的中国革命精神，是中华民族精神的重要组成部分，也是中华历史文化的生动体现，也是世界文化遗产的重要组成部分。未来三十年，中国要实现第二个百年奋斗目标，迈入世界高收入国家行业，中国文化对于世界的影响力将更大，红色旅游资源作为世界文化遗产，中国的革命博物馆、纪念馆不仅要重视国内游客，更要重视中国港澳台同胞、海外华人和外国人，以更加开放的姿态，让红色文化引起更大国际共鸣。但是，现实不太乐观，根据中国旅游研究院红色旅游大数据平台统计，2019 年 300 余家红色景区中入境游客比例仅为 1.19%，而且 2018 ~ 2019 年入境游客的比例是每年下降的，同比分别下降了 2.94%、11.29%，这与红色旅游的展出形式、解说系统、传播方式等关系密切。面对这一现实，就亟须革命博物馆立足中国、面向世界推动自身的旅游体验提升和红色文化传承融合发展。

三、数字经济、场景革命和需求变革倒逼革命博物馆加快融合发展

第一，要丰富革命博物馆红色文化的内涵，既要有历史感，也要有现代感，吸引更多群体特别是年轻人自觉参与。体验红色文化产品正在成为很多青少年的新时尚，中国旅游研究院的《中国红色旅游消费大数据报告（2021）》显示，红色文化那么吸引人，跟红色资源“活”起来、“潮”起来密切相关，很多网红红色景点跟一些红色纪录片、电影热映密切相关，《觉醒年代》热映让合肥延乔路火了，电影《八佰》上映让上海四行仓库抗战纪念馆热度暴涨，无数年轻人前往打卡。革命博物馆要充分借鉴经验，积极将太空、影视、科技、动漫等时尚因素融入红色文化传承和红色旅游产品开发中。革命博物馆能否真正吸引人的核心是红色文化，只有符合时代要求和游客消费需要的红色文化产品才会具有生命力。要推动红色文化与其他文化的融合发展，增加红色产品的亲近感和体验性，红色旅游资源开发利用要将弘扬革命传统与激发时代精神相结合，将传统展示手段与现代展演形式相结合，适度运用声、光、电等高科技手段，增强吸引力和感染力，提高游客的参与性。

第二，要创新革命博物馆的旅游场景，通过数字化、艺术化、景区化、科技化改造革命博物馆。通过革命博物馆的现代化改造，让游客特别是青少年沉浸式体验到红色文化的丰富内涵。具备条件的革命博物馆可以以某个战争场景、伟大革命事件、重要会议、百姓革命故事等为主线进行景区化改造，让游客愿意来、留得下。中国旅游研究院的《中国红色旅游消费大数据报告（2021）》显示，红色旅游融合发展成为常态，文化、科技、体育、农业、健康等元素为红色旅游高质量发展赋能。2021 年游客喜爱的“红色 +”融合业态中，游客最喜爱的是“红色 + 影视”，其次是“红色 + 体育运动项目”，第三位是“红色 + 动漫/游戏”，这三项总共占到了“红色 +”融合业态的 40%。革命博物馆不仅要吸引人来，留住游客更重要，这就需要对参观环境、解说系统、旅游空间等进行全方面改造，只有这样才能提升旅游体验，让革命博物馆成为高复游率的场所。

第三，要创新机制推动革命博物馆与红色旅游目的地协同发展，让革命

博物馆成为旅游目的地可持续发展的基石。由于革命博物馆的公益性质，这就需要国家和地方共同发力，推动革命博物馆与红色旅游目的地多业态融合发展，形成以革命博物馆作为目的地核心吸引物，以吃、住、行、游、购、娱多业态作为红色旅游目的地产业链条的综合发展模式，逐渐推动目的地红色旅游发展的外部输血转变为内部造血的内生增长机制，进而形成特定地区红色革命教育与旅游产业协同发展的局面。

第三节　长征国家文化公园的国家战略、现实表达与长效机制

长征国家文化公园全面建设起始于 2019 年 7 月 24 日，中央全面深化改革委员会第九次会议正式审议通过《长城、大运河、长征国家文化公园建设方案》（以下简称《方案》），《方案》提出，到 2023 年底基本完成建设任务。2021 年 8 月国家文化公园建设工作领导小组印发《长征国家文化公园建设保护规划》，提出了建设的范围，原则上包括 1934 年 10 月至 1936 年 10 月，红一方面军（中央红军）、红二方面军（红二、红六军团）、红四方面军和红二十五军长征途经的地区，涉及 15 个省（区、市），共计 72 个市（州）381 个县（市、区），此后，各省市积极响应，长征国家文化公园开始了波澜壮阔的建设和开发热潮。

一、新时代长征国家文化公园大有可为

第一，长征国家文化公园是众多国家战略交汇点。长征国家文化公园作为传承中华文明的重要标志性工程，对于新时代大力弘扬革命文化，加强爱国主义和革命传统教育，彰显文化自信，增强国家认同和政党认同，建设社会主义文化强国具有重要意义。党的十八大以来，党中央对高度重视文化建设，把文化自信和道路自信、理论自信、制度自信并列为中国特色社会主义“四个自信”。进入新发展阶段以后，将对文化建设提出了更高要求，文化的作用也会进一步凸显。习近平总书记指出：“文化兴国运兴，文化强民族强。”文化兴盛是中国提升软实力的重要抓手。革命文化作为中国文化的重要组成部分，在建设文化强国过程中至关重要。2021 年 1 月国务院印发《关

于新时代支持革命老区振兴发展的意见》，支持包括长征沿线的革命老区高质量发展。2021 年 10 月，中共中央、国务院印发《关于加强和改进新形势下高校思想政治工作的意见》，提出“要弘扬中华优秀传统文化和革命文化、社会主义先进文化，实施中华文化传承工程，推动中华优秀传统文化融入教育教学，加强革命文化和社会主义先进文化教育”。此外，国家多个部委从红色交通、经典景区、乡村振兴、文化、宣传等多个方面出台与长征文化国家公园密切相关的政策。

第二，长征国家文化公园是推动地方经济社会发展的重要抓手。长征国家文化公园涉及福建、江西、河南、湖北、湖南、广东、广西、重庆、四川、贵州、云南、陕西、甘肃、青海、宁夏 15 个省（区、市），共计 72 个市（州）381 个县（市、区）。大部分处于中西部地区，旅游资源丰富，不仅包括红色旅游资源，而且包括很多世界级文化和自然旅游资源，大部分省份将旅游业作为战略支柱产业，旅游业对这些地区的经济社会拉动作用显著。福建、江西、河南、湖北、湖南、广西、重庆、四川、贵州、陕西、甘肃、宁夏等红色旅游资源更是占据旅游业很大比例。长征国家文化公园的全面建设将从文物资源保护、基础设施投资、文旅品牌提升、旅游产业转型升级、市场推广等全面提升所在地区的整体竞争力。

第三，长征国家文化公园是新时代文化和旅游融合发展的试验田。2018 年文化和旅游融合发展进入新阶段，开始从体制、市场、资源、人才、产品等多个层面开始全面融合，经过这些年探索，需要在重点领域实现新突破。长征国家文化公园作为社会效益优先，兼顾经济效益的重要国家战略，应该为文化事业、文化产业与旅游业融合发展提供典型示范，探索一条新时代文旅深度融合的典型样本。

二、长征国家文化公园的现实表达要处理好七大关系

长征国家文化公园已经形成了中央到地方发展的共识，正在形成合力。既要看到新时代长征国家文化公园的巨大机遇，也要看到它面临着横跨区域多、文旅资源类型多、基础设施差异大、体制机制不统一、经济发展程度不一、旅游发育不均衡等诸多挑战，要高标准建成传承中华文化的重要载体、游客满意的重要目的地、当地老百姓的幸福承载地、地方经济社会发展的重

要抓手，需要用现代化表达手段处理好七大关系。

1. 统筹好红色文化遗址遗存保护与红色旅游发展的关系

解决红色文化遗址遗存保护与红色旅游发展共融共生、辩证统一的问题。旅游是载体，通过发展红色旅游可以获得更多收益，实现红色遗址遗存的更好保护，红色文化遗址遗存是基础，只有保护好了才能更好满足现代旅游者的需要，从而促进本地经济社会发展和老百姓生活水平提高，所以说，保护红色文化遗址遗存与发展红色旅游要相互促进，缺一不可。

2. 统筹好政府与市场的关系

主要的目的是解决好长征国家文化公园内文旅融合发展机制的问题，就是要解决很多长征国家文化公园范围内的文旅主体数量不多和活力不足现象。红色旅游为主要业态的长征国家文化公园建设，政府主导和市场主体作用同样重要，这有利于用市场手段解决红色旅游半公共物品属性的问题，用市场力量激发红色旅游发展的活力。

3. 统筹好规范与发展的关系

长征国家文化公园以红色旅游为主要业态，兼顾发展其他旅游业态，要让公园充满活力，满足更多年轻人需求，就是要解决好红色旅游发展的体制问题。要树立红色旅游发展的底线思维、红线思维，杜绝历史虚无主义，包括杜绝歪曲历史、丑化、神化伟人等，不是底线的问题都可以在发展中解决。发展红色旅游的出发点和落脚点就是以人民为中心，不断提升幸福感、获得感，让游客和当地居民满足作为标准。要将发展红色旅游为主的文旅产业为长征国家文化公园建设的重要方向，用市场化手段解决资金不足、创新不足等难题。

4. 统筹好社会效应与经济效应的关系

解决红色遗迹保护资金筹集和目的地经济发展的问题，实现红色革命遗址从抢救性保护向开发性保护转变。坚持社会效应优先，兼顾政治、经济、生态等功能。

5. 统筹好守正与创新的关系

长征国家文化公园横跨 15 个省份，经济发展条件不均衡，要建设好长征国家文化公园需要大量资金投入，这就要求地方政府统筹好守正与创新的关系，通过创新形成有长期资金保障的长征国家文化公园建设和开发机制。也就是要推动长征国家文化公园内的红色旅游从常态化发展向高质量发展转变，解决很多红色旅游目的地发展动力不足、市场主体不强的问题。守正是基础，创新是关键，创新包括制度、人才、产品、公共服务、国际交流合作等多个方面。

6. 统筹好理论与实践的关系

形成长征国家文化公园的系统理论是解决公园可持续发展的根基问题，同时要培养高素质的人才队伍，形成理论根基牢固、地方实践丰富的协同，解决多学科参与长征国家文化公园建设与开发的合力问题。

7. 统筹好短期建设和长期发展的关系

短期内，到2023年、2025年要解决体制改革、品牌统一、革命文物保护等问题，长期要形成资金来源稳定、多方参与、特色鲜明的可持续发展机制。随着短期任务完成，长期来看，考虑中国作为发展中国家的实际以及中西部省市占多数的情况，长征国家文化公园建设还是要通过发展文旅带动地区综合产业发展，从而不断以产业促进公园建设，而不能单纯依靠财政资金支持的外部输血来不断加快文物保护以及更新相关硬件设施、产品完善等各项工作。

三、多方参与构建长征国家文化公园可持续发展的长效机制

1. 完善长征国家文化公园建设的统筹协调机制

要从上至国家部委下至省市地区形成固定的长征国家文化公园建设和开发的机构，并且通过制定相关促进政策解决资金来源、多元主体参与形式、产品创新以及市场主体深度加入等关键问题，形成适合当代年轻人需要的长征国家文化公园系统，构建新时代红色文旅高质量发展体制，形成覆盖青少年、成年人、老年人、党员干部、企业家、外国人、海外华人、港澳台同胞等差异化、特色化的长征国家文化公园的文旅融合发展机制。

2. 将政府主导、多元参与、融合发展作为长征国家文化公园文旅高质量发展的重要依托

政府要在长征国家文化公园红色旅游为主导的文旅高质量发展中起到主导作用，在体制机制改革、红色文化作品创作、市场培育、革命老区基础设施建设、公共服务完善等方面积极作为。扩大长征国家文化公园参与主体范

围，大力培育市场主体，发挥市场在红色文旅发展中的积极性，发动媒体、学校、非政府组织、个人等多方力量以适当形式参与红色资源保护利用中来。将融合发展作为红色文旅可持续发展的重要战略，推动长征国家文化公园与文化强国建设、乡村振兴、新型城镇化等国家战略相融相通。

3. 搭建世界文化遗产范畴的国家文化公园的国际合作交流平台

要在国家遗产旅游、世界反法西斯联盟等框架内，利用 APEC、上海合作组织、金砖国家等国际平台加强国家文化公园协调部门、公益机构、企业交流合作机会，利用联合国旅游组织（UNWTO）、世界旅游业理事会（WTTC）、亚太旅游协会（PATA）等国际旅游机构加强国家文化公园重要议题的讨论，在世界上增强我国包括长征国家文化公园在内的国家文化公园影响力和话语权。开展不定期双边或者多边国际交流合作。

第七章 新时代我国红色旅游与红色文化的投融资特征分析*

第一节　我国红色文旅投融资背景分析

一、红色文旅发展历程

伴随着我国物质文明和精神文明的发展进程，红色文旅作为一种集政治性、文化性、教育性和休闲性于一体的新型主题旅游活动，近些年来出现了蓬勃发展的势头。我国红色文旅的萌芽可追溯到20世纪60年代，彼时的形态为事业接待型，即主要为公费参观学习和政治接待服务。20世纪80年代后，我国的红色旅游市场化开始起步，围绕革命圣地、纪念地及其上承载的红色文化为资源开发对象，几大著名红色景区开始逐渐成型。到90年代中后期，我国的红色文旅进入发展快车道，以重大革命历史事件纪念活动为发展契机，全国掀起了红色文旅资源集中开发的热潮。其间国家和地方政府意识到了红色文旅的发展潜能，尤其是红色文旅对革命老区扶贫工程的积极作用，因此，加大对红色文旅的政策引导和资金扶持力度，推动了我国红色文旅的基础建设和红色文化创作活动进入全新发展阶段。进入21世纪，尤其是2004年底国务院办公厅首次发布了红色旅游发展纲要（《2004—2010年全国红色旅游发展规划纲要》）后，我国的红色文旅进入全方位发展阶段，再次带动了红色文旅基建高潮，吸引大规模社会民营资本进入，推动红色文旅的市场化、产业化进程再次提速。

二、红色文旅发展特点

红色文旅是中国文旅的一个特殊分支，它是红色文化资源以旅游产业形

* 本部分由韩元军、张虹菲等完成。

式进行开发的产物，它独有的属性赋予它不同于普通文旅产业的几大鲜明特点。

首先，政策的引导和敏感性，从发展历程来看，红色文旅的发展一直体现着政策先行的特点，在其市场化和产业化的进程中尤为明显，自2004年底国家发布了一系列红色旅游规划纲要后，2005年始红色文旅的发展速度才开始快于普通文旅并保持至今，供给端规模和产业化程度出现质性变化。进入21世纪第一个十年后有关红色文旅及其相关配套基建的政策更是频繁出台，红色文旅也随之进入全面发展阶段，在政策的助推下红色文旅未来的发展势头将更为强劲。“十二五”“十三五”期间，国家级相关政策文件的密集发布始于2016年。2011年后涉及红色文旅发展的代表性国家级政策文件如表7－1所示。

表7－1　2011年后涉及红色旅游发展的代表性国家级政策文件

日期	政策	发布部门	要点
2011.03	《2011—2015年全国红色旅游发展规划纲要》	中共中央办公厅、国务院办公厅	深入挖掘文化内涵，丰富红色旅游内容；加强基础设施建设，完善红色旅游经典景区体系；提升红色旅游产业化水平
2014.08	《国务院关于促进旅游业改革发展的若干意见》	国务院	大力发展红色旅游，加强革命传统教育，大力弘扬以爱国主义为核心的民族精神和以改革创新为核心的时代精神
2015.07	《关于进一步促进旅游投资和消费的若干意见》	国务院办公厅	将红色旅游作为研学旅行发展的重要研学项目
2016.02	《关于加大脱贫攻坚力度支持革命老区开发建设的指导意见》	中共中央办公厅、国务院办公厅	支持老区建设红色旅游经典景区，着力开发红色旅游产品，结合红色旅游组织开展形式多样的主题活动
2016.12	《2016—2020年全国红色旅游发展规划纲要》	中央办公厅、国务院办公厅	2020年全国红色旅游景区接待游客人数达到15亿人，实现红色旅游收入近4 000亿元
2016.12	《“十三五”旅游业发展规划的通知》	国务院	提升红色旅游发展水平，将红色旅游打造成常学常新的理想信念教育课堂，增强红色旅游发展力
2017.01	《红色旅游经典景区服务规范》	国家旅游局	行业标准已经批准，2017年5月1日起实施
2017.08	《全国红色旅游公路规划（2017—2020年）》	交通运输部	确定126个红色旅游公路项目，建设总里程约2 442公里

续表

日期	政策	发布部门	要点
2017.11	《全国红色旅游经典景区三期总体建设方案》	发改委	重点加强开展红色旅游活动所必需的旅游公路、景区内的步行道、露天停车场、供电线路、供排水线路、旅游厕所、消防安防设施、垃圾污水收集设施、展陈场馆改造等基础设施建设，以及必要的环境整治
2018.07	《关于实施革命文物保护利用工程（2018—2022年）的意见》	中共中央办公厅、国务院办公厅	加强全园红色旅游经典景区和红色旅游精品线路建设，统筹加大对革命文物保护利用的支持力度
2019.07	《文化旅游提升工程实施方案中央预算内投资管理办法》	发改委等7部门	公共文化服务设施建设项目，东部地区不安排中央投资，兵团全额安排中央投资。红色旅游基础设施建设项目，不受最高补助限额的限制
2021.01	《文化和旅游部办公厅关于遴选推出“建党百年百条精品红色旅游线路”活动的通知》	文化和旅游部资源开发司	为庆祝中国共产党成立100周年，按照中央相关要求，文化和旅游部决定遴选推出“建党百年百条精品红色旅游线路”，线路主题分为“重温红色历史、传承奋斗精神”“走近大国重器、感受中国力量”“体验美丽乡村，助力乡村振兴”

其次，红色文旅具有鲜明的周期性。红色文旅受政治性因素和市场化因素的双重影响，较大革命历史事件周年纪念活动时段受政治因素影响明显，一般时段主要受市场调节。旅游客源呈现出波浪式的起伏。在一年当中，接待高峰主要集中在黄金周假期和纪念日前后。

红色文旅具有非常明显的政治周期性，从相关企业注册情况也能得到印证。图7－1显示，2005～2021年，每逢4、9尾的年份，红旅企业的注册数量都会出现跳跃性增长。最明显的是2019年，当年是新中国成立70周年，为红色政治生活中的“大年”，根据作者测算，全年中国红旅企业注册数量到达最高峰，为860家。我国红色文旅产业从2016年以后进入快车道，国家级相关纲领文件的密集出台也带动了整个产业的快速发展。

再次，传统的红色文旅还具有利润低微性。早期的红色文旅主要体现为观光类旅游，可以吸引人，但是很难留住人。多数的红色爱国主义教育基地，带有明显的社会公益性质，一般门票定价不高或免费开放。不过随着红色文旅产品形态的多样和丰富，传统红色文旅的利润低微性正在发生局部改变。目前游客对品质旅游的需求越来越高，商业化开发的理念也进入红旅领域，

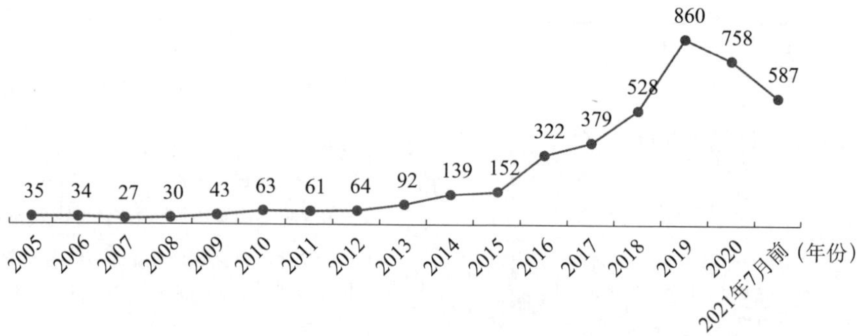

图 7-1　2005~2021 年红色文旅相关企业注册数量（单位：家）

资料来源：作者根据天眼查商业数据库的红色文旅注册信息计算所得。

新型的综合红旅产品逐渐丰富了原有传统红旅产品线，为游客提供更全方位的一体化或高度沉浸式的旅游体验，各种定位精品或高端的红旅产品提供给游客更多的选择。

最后，红色文旅有极好的开发复合性与资源融合性。发展红色文旅和其他形式的文旅有着明显的不同和特殊的目的，红色文旅是一项既能拉动老区经济社会发展、造福一方人民，又打破传统文旅季节性强，有效整合文旅产品的经济工程，同时也是一项弘扬民族精神的文化工程和进行爱国主义教育的政治工程。同时，红色文旅还表现出多种资源的融合性，红色资源多与自然生态、民族文化、农耕文化、民俗文化等文旅资源相伴生，可以与发展生态旅游、民族文化旅游、工农业旅游等密切结合起来，形成综合型、复合型的文旅基地和产品路线。

第二节　我国红色文旅产业投融资现状分析

一、红色文旅产业投资状况

（一）产业发展资金的来源与流向

当前，红色文旅产业已经成为新的投资热点，其品牌资源和革命人文资源优势日益显现出巨大的开放性经济价值，为丰富的革命历史资源迅速转换成经济开发资源搭建了广阔的平台。我国红色文旅产业的发展资金主要有三大来源，即：中央政府资金（含中央财政资金、直接项目投资、政策投资、转移支付、补贴等形式）；地方政府投资（含地方财政资金、直接项目投资、政策补贴等）；社会金融资本及实业资本。

从目前可查的情况来看，中央财政对于红色文旅的专项资金投入不断增加，根据财政部官网信息，2005 年，中央财政部拨款专项资金 7 亿元，2016 年，财政部共安排资金 15.47 亿元，2020 年，我国中央财政支持红色旅游景区建设资金则高达 60 亿元。同时，这种增资力度还在加大，2019 年 7 月，发改委等 7 部门联合发布的关于修订印发《文化旅游提升工程实施方案中央预算内投资管理办法》的通知中提道，红色旅游基础设施建设项目不受最高补助限额的限制。地方政府尤其是革命老区所在的地方政府，对红色文旅的开发资金投入幅度和招商引资的力度也一直在加强。2017 年国家发改委印发的《全国红色旅游经典景区三期总体建设方案》中提出，本方案项目所需资金由中央、地方共同承担。

红色文旅发展资金流向，主要有红旅项目（景区新建和改造）、基础配套设施建设（旅游公路、机场和其他配套建设）和景区运营、文物保护、人员培训及营销推广等，分配金额以前两项为主。根据财政部官网信息，2005 年，财政部划拨专项资金 7 亿元，资助 48 个红色文旅项目的建设和改造工程，到 2016 年这笔资金翻倍至 15.47 亿元，应用范围也从景区的建设和改造，扩展至红色旅游从业人员培训、精品线路与景区宣传推广等。2021 年 2 月，国务院印发的《关于新时代支持革命老区振兴发展的意见》明确提出，推动红色文旅高质量发展，建设红色文旅融合发展示范区，支持中央和地方各类媒体通过新闻报道、公益广告等多种方式宣传推广红色文旅。

（二）近年大型红色文旅投资项目

根据课题组不完全统计，2011 ~2021 年全国大型红色文旅项目总投资额约为 4 159 亿元，其中各省重大项目（含红色景区、基础配套、主题公园、综合体、小镇、产业园、演艺、文创等几大业态）总投资额约为 3 463 亿元，占比 79%；基础设施类项目（公路、铁路、航空）总投资额约为 660 亿元，占比 15%；长征文化公园相关项目投资额约为 239 亿元，占比 5%。以下将分别阐释各类项目的投资分布情况。

根据各省发改委公布的数据，2011～2021年全国公布的红色文旅重大项目总投资额约为3 463亿元（不完全统计，部分项目未公布投资额），其中，政府类投资占比70%，社会融资/实业资本投资占比30%。公布的红色文旅重大项目总投资数量约为164起，其中，政府类投资项目数量占比74%，社会融资/实业资本投资项目数量占比26%。政府资本在投资额与项目数量上，均占有绝对优势。

1. 时间轴分布

从时间轴来看，全国红旅重大项目的总投资数量，于2016年呈现高速增长态势，其中政府投资的项目数量，更是在2019年，即红色政治生活中的“大年”，达到历史峰值（见图7－2），这与2019年全国红色文旅企业注册数量到达峰值的状态相呼应，在一定程度上印证了政府资本对社会资本的带动与示范效应显著。值得注意的是，来自社会融资/实业资本的投资项目数量，自2019年起，呈现稳定的持续增长态势。

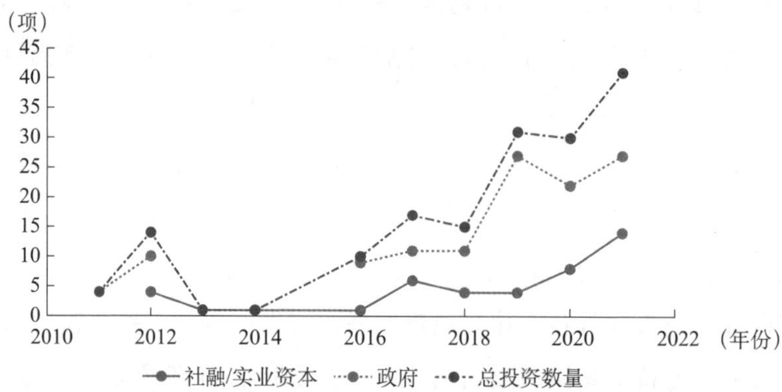

图7－2　2011～2021年全国红色文旅重大项目投资数量变化

资料来源：作者根据各省份发改委红色文旅重大项目信息计算所得。

据不完全统计，全国红色文旅重大项目总投资额，同样于2016年开始呈现爆发式增长（见图7－3），并在“十三五”期间保持了持续高位状态。值得注意的是，我国红旅相关企业的注册量也是从“十三五”开年的2016年后进入了快车赛道（见图7－1），正是国家级相关纲领文件高密度出台的利好（国家级相关政策文件的密集发布始于2016年），带动了整个产业网络及投资规模的快速增长。社会融资/实业资本投资在2018年呈现短暂高峰后，近2年呈现回落态势，政府投资则于2018年以来保持了持续增长（不含2021年上半年）。

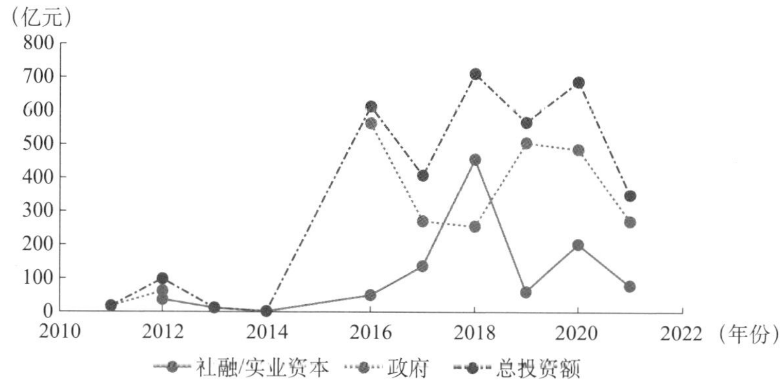

图7-3 2011~2021年全国红色文旅重大项目投资额变化

资料来源：作者根据各省份发改委红色文旅重大项目信息计算所得。

2. 区域分布

2011~2021年从各省份分布情况来看，安徽、陕西、江西是历年红色旅游重大项目投资数量最多的省份，其中安徽项目总数量达45个，相当于以10年为周期，平均每年约投资重大红色文旅项目近5个。安徽、陕西、江西、福建、广东5个省份，重大项目总数均分别达到10个以上。据不完全统计，重大红色文旅项目总投资额最高的省份是陕西省，总投资额高达1 494亿元，在全国占比约43%。其次是广东、江西、安徽、云南，投资总额均分别达到百亿以上。

3. 类型分布

2011~2021年从重大项目基本类型的投资额结构来看，配套设施、景区位列前两位，投资额均达到千亿元以上，分别占各类项目总投资额的1/3。综合体/主题街区、主题小镇、文创产业园/教育基地均位于第二阵营，投资额均达到百亿元以上。主题公园、展馆/博物馆、科技类项目，也分别达到了50亿~100亿元的投资规模。如图7-4所示。

从不同投资主体来看，不论是项目投资数量，还是投资额度，景区类、

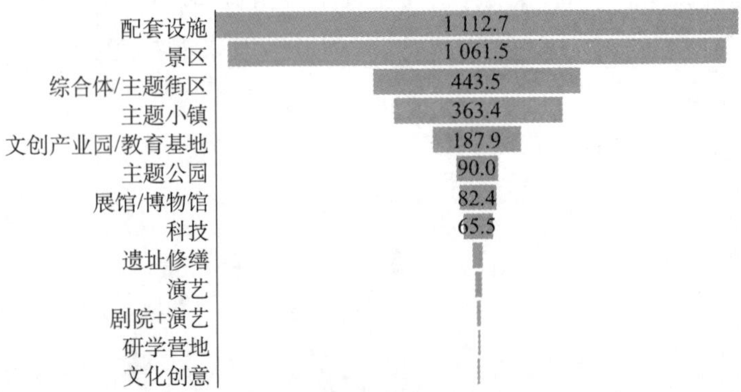

图 7－4　2011～2021 年红色文旅重大项目类型分布（按投资额，亿元）

资料来源：作者根据各省份发改委红色文旅重大项目信息计算所得。

配套类、展馆/博物馆类、主题小镇类、遗址修缮类、科技类均呈现政府资本主导的显著趋势。而演艺类（含演艺＋剧院）、研学营地类、主题公园类则呈现社会融资/实业资本主导的趋势。文创产业园/教育基地、综合体/主题街区则呈现政府与社会资本相对较为均衡的分布。如图 7－5、图 7－6 所示。

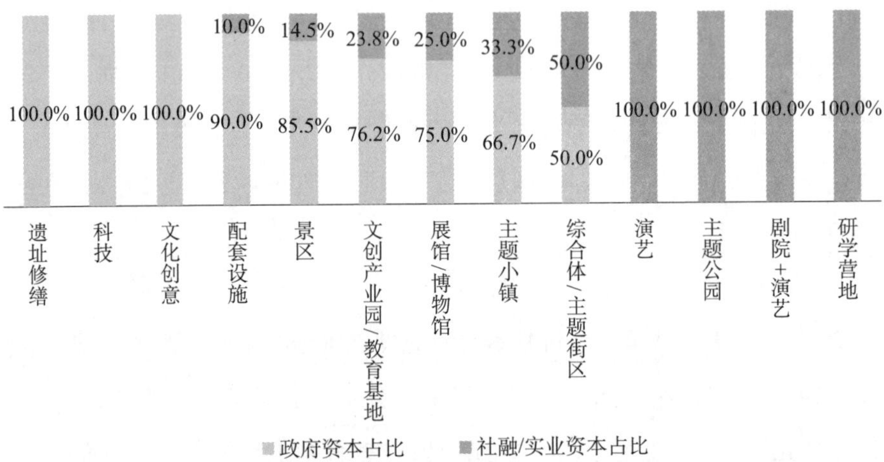

图 7－5　2011～2021 年红色文旅重大项目不同类别资本占比（按项目数量）

资料来源：作者根据各省份发改委红色文旅重大项目信息计算所得。

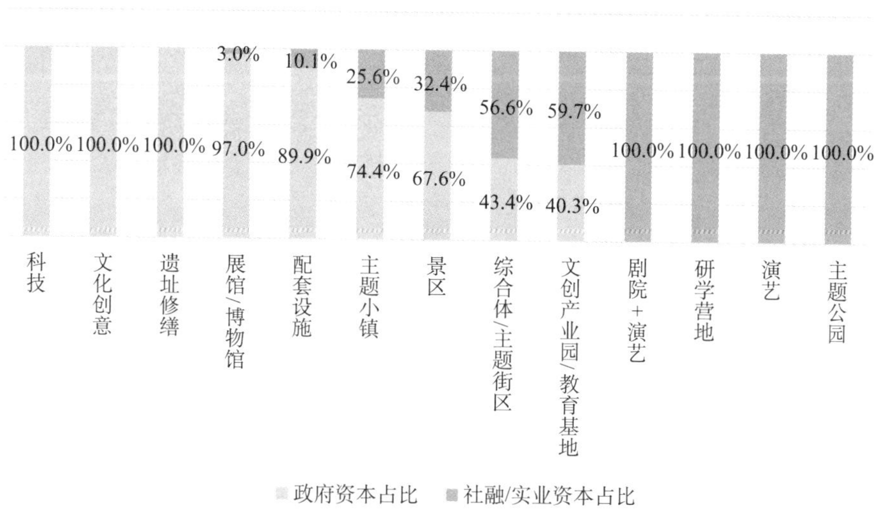

图7-6　2011～2021年红色文旅重大项目不同类别资本占比（按投资额）

资料来源：作者根据各省份发改委红色文旅重大项目信息计算所得。

从时间进程来看，综合体/主题街区类、主题小镇、展馆/博物馆类、演艺类，基本是从2017年及之后开始密集布局，研学营地类、文化创意类、科技类、主题公园类、遗址修缮类，基本是从2019年及以后开始布局。配套设施类密集始建于“十三五”时期，一直持续到“十四五”开年。文创产业园/教育基地类在“十二五”时期比重较高，到“十三五”时期比重逐渐下降。景区类项目也呈现出类似趋势。

（三）基础设施项目

公路方面，“十一五”和“十二五”期间，全国红色旅游公路项目达263个，建设里程6 058公里，总投资290亿元。根据2017年6月交通运输部印发的《全国红色旅游公路规划（2017—2020年）》，“十三五”期间拟安排的126个红色旅游公路建设项目总资金需求为231亿元。其中，东部地区拟安排20个项目，资金需求为19亿元；中部地区拟安排50个项目，资金需求为67亿元；西部地区拟安排56个项目，资金需求为145亿元。

航空方面，近年来，百色、井冈山、淮安、南泥湾等多个红色文旅机场新建或改扩建后投入运营。红色文旅资源富集地区交通设施不断完善，进一步优化了外部环境。据不完全统计，进入全国红色机场联盟①的相关机场扩改建总投资额约为226.2亿元。如图7-7所示。

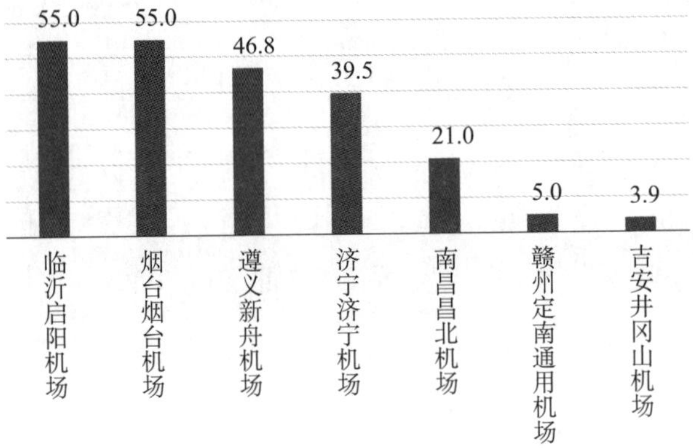

图7-7　2017~2021年全国（红色机场联盟）机场改扩建计划投资情况（单位：亿元）

资料来源：作者根据红色机场联盟各省份发改委机场改扩建项目信息计算所得。

（四）长征文化公园

2019年7月，习近平总书记主持召开中央全面深化改革委员会会议，审议通过了《长城、大运河、长征国家文化公园建设方案》。2019年12月，中共中央办公厅、国务院办公厅印发《长城、大运河、长征国家文化公园建设方案》（以下简称《方案》），2023年底基本完成建设任务。《方案》明确，长征国家文化公园中国工农红军一方面军（中央红军）长征线路为主，兼顾红二、红四方面军和红二十五军长征线路。涉及福建、江西、河南、湖北、湖南、广东、广西、重庆、四川、贵州、云南、陕西、甘肃、青海、宁夏15个省（区、市）。截至2021年，根据可查公开数据，贵州在长征国家文化公园投资建设中一路领先，以总投资规模162亿元位列15省（区、市）之首。已公布投资额的八省区，总投资额约为238.5亿元。如图7-8所示。

① 2021年6月，由临沂机场、南昌机场、石家庄机场、井冈山机场、延安机场、遵义机场共同发起倡议成立全国红色机场联盟。首批联盟首批成员单位还包括盐城机场、延吉机场、赣州机场、烟台机场和济宁机场。

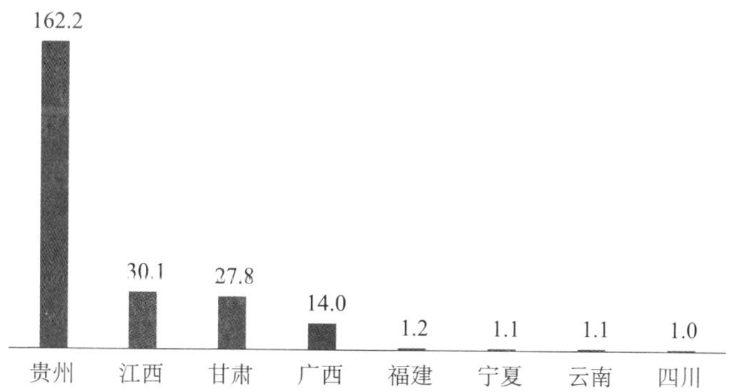

图7-8 截至2021年部分省份公布的长征文化公园投资额（单位：亿元）

资料来源：作者根据相关省份发改委长征文化公园项目信息计算所得。

二、红色文旅产业供给格局

（一）红色文旅资源的类型和分布

红色文旅资源是不可缺少、不可替代、不可再生的一种极其珍贵的集教育与旅游于一体的资源。红色资源的构成要素主要有革命历史遗址、革命纪念馆和革命历史纪念物，这三大类构成要素是红色文旅活动基本载体和发展红色文旅的物质基础。我国红色文旅资源有精品多、数量大、地区分布广但又相对集中、类型多样的特点。截至2021年，全国不可移动革命文物3.6万多处，国有可移动革命文物超过100多万件/套，场馆总数超1 600家，文物保护单位革命旧址开放率接近94%，“十三五”时期平均每年推出革命文物展览4 000余个。

同时，我国红色旅游的内涵和外延仍在不断扩展和重新解读，因此红色文旅的资源还有更多可开发的空间和维度。目前，我国对红色旅游的界定多采用官方定义，即红旅规划纲要中的界定，而这一界定也在与时俱进做拓展。第一次规划纲要，即《2004—2010年全国红色旅游发展规划纲要》将红色旅游定义为“以中国共产党领导人民在革命和战争时期建树丰功伟绩所形成的纪念地、标志物为载体，以其所承载的革命历史、革命事迹和革命精神为内涵，组织接待旅游者开展缅怀学习、参观游览的主题性旅游活动”。而在第二次规划纲要，即《2011—2015年全国红色旅游发展规划纲要》中，“红色旅游”的范围拓展为“自 1840 年鸦片战争以来的革命遗址遗迹和新中国成立后社会主义革命和建设以及改革开放新时期以来的纪念地。”而若采用广义的红色旅游概念，则红旅资源的广度更大，是指那些能够顺应历史潮流，可以弘扬爱国主义精神的一切革命和建设活动凝结的人文景观和精神。

在地域分布上，我国 31 个省份都有红色文旅资源存在，我国目前规划了 12 大红色旅游主题区域为：沪浙红色旅游区、湘赣闽红色旅游区、左右江和粤琼红色旅游区、黔北黔西红色旅游区、雪山草地红色旅游区、陕甘宁红色旅游区、东北红色旅游区、鲁苏皖红色旅游区、大别山红色旅游区、太行山红色旅游区、川陕渝红色旅游区和京津冀红色旅游区。根据《全国红色旅游景区经典名录》，全国 300 个红色旅游经典景区，除西部部分地区外，在全国分布数量相对较为均匀。

而对比各省份红色景区的数量与 2011 ~2021 年各省份投资的红色文旅重大项目的数量发现，在经典景区数量居头部的北京、河北、河南、湖北、湖南、山东等省份，重大项目投资的数量却相对偏少；安徽、陕西、江西、广东、福建等经典景区数量位于“腰部”的省份，获得投资的重大项目数量则较多。如图 7 -9 所示。

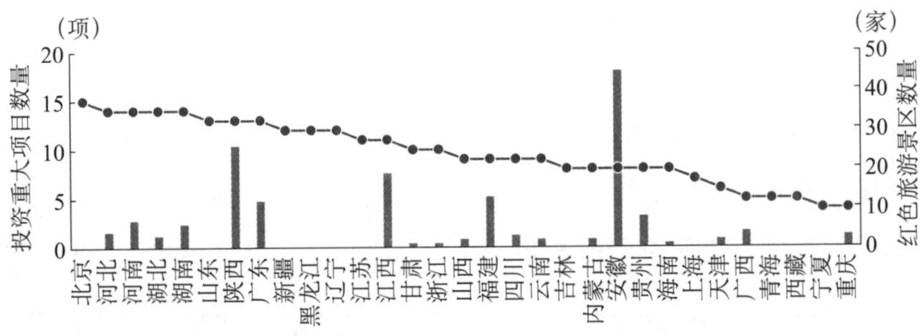

图 7 -9　各省份红色旅游景区数量对比 2011 ~2021 年投资的重大项目数量

资料来源：作者根据各省份发改委红色文旅重大项目以及文旅部门红色旅游景区数量信息计算所得。

（二）红色文旅企业的规模和结构

根据天眼查商业数据库信息，截至 2021 年，我国提供红色文旅服务的相关企业数量为 4 468 家，其中，当前处于存续状态的企业为 3 974 家。存续企业中，以湖南省的红色文旅企业数量最多，为905家，其次为山东省，企业存量为380家。传统的红色文旅资源大省，如广东、陕西、江西、山西、福建、湖北等省份，红旅企业的当前存量都在百家以上。如图7－10所示。

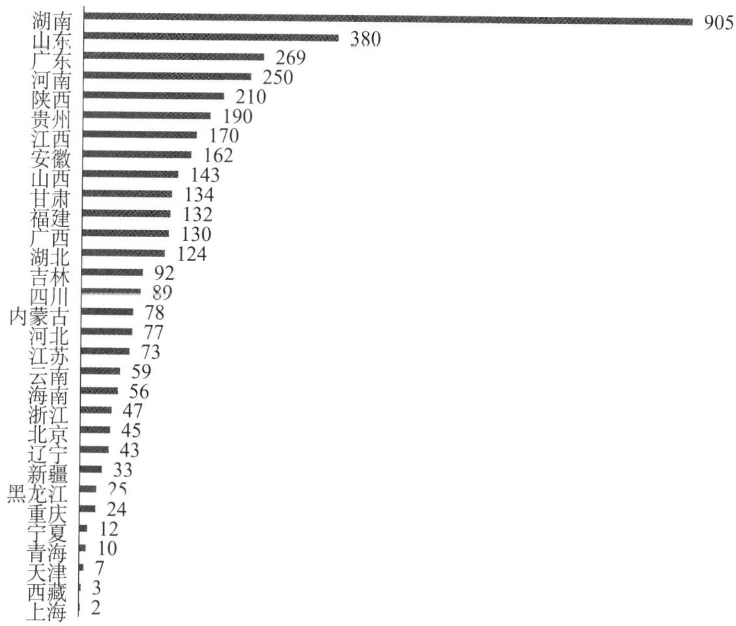

图7－10　截至2021年提供红色文旅服务的相关企业数量（单位：家）

资料来源：作者根据天眼查商业数据库的红色文旅企业注册信息计算所得。

红色文旅企业存量最多的20个城市中，湖南省独占6席，为长沙、张家界、郴州、岳阳、湘潭和株洲，其中长沙市一骑绝尘，以426家的数量成为红旅企业最多的城市。进入红色文旅企业数量Top20的城市，覆盖了我国中部、西部和南部地区，包括了首都北京及4个大型省会城市——湖南长沙、河南郑州、陕西西安和河北石家庄，其余为传统红色文旅资源丰富地区的中小型城市。如图7－11所示。

从红色文旅企业规模来看，注册资本在10万～100万元以下的企业占比最高，为28.1%；注册资本在人民币200万～500万元的企业占比16.9%，注册资本在1000万元以上的企业占比26.4%。如图7－12所示。

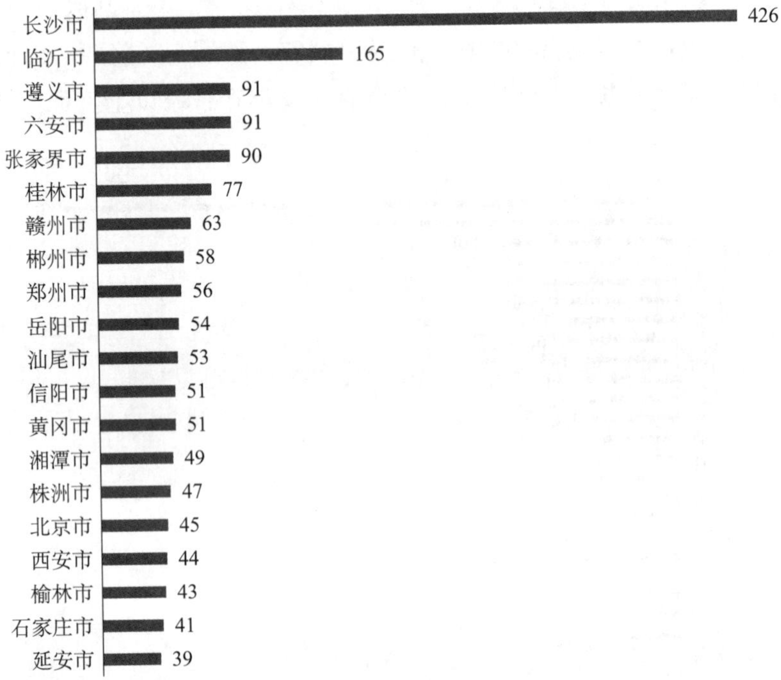

图 7－11　截至 2021 年红色文旅企业存量排名前 20 的城市（单位：家）

资料来源：作者根据天眼查商业数据库的红色文旅服务企业注册信息计算所得。

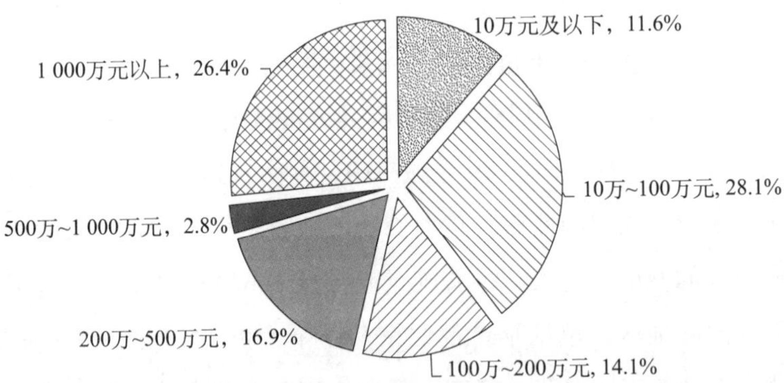

图 7－12　截至 2021 年红色文旅企业规模结构

资料来源：作者根据天眼查商业数据库的红色文旅服务企业注册信息计算所得。

为了更准确地了解红色文旅企业的主营业务分类，课题组根据天眼查数据库的基础行业标记重新做了合并归类。合并分类后发现，红色文旅企业中有近一半属于旅游和商务领域的服务型企业，与文体、娱乐相关的企业占比为15.3%，与零售、餐饮、住宿相关的企业占比为9.9%。如图7－13所示。

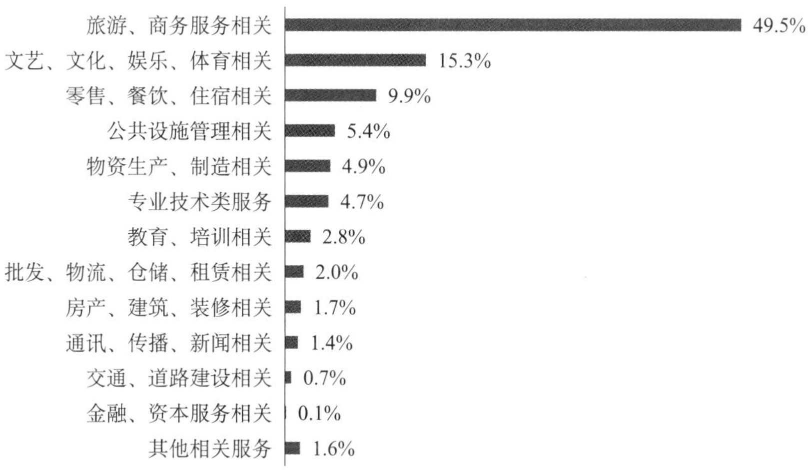

图7－13　截至2021年红色文旅企业主营业务分类

资料来源：作者根据天眼查商业数据库的红色文旅服务企业注册信息计算所得。

对比各省份2011～2021年累计投资的重大项目数量，以及各省份红色文旅存续态企业数量，发现湖南、山东、河南、贵州、山西、甘肃、广西、湖北等几大省份，红色文旅企业数量均达到百家以上，但2011～2021年累计投资的重大项目数量却相对较少。如图7－14所示。

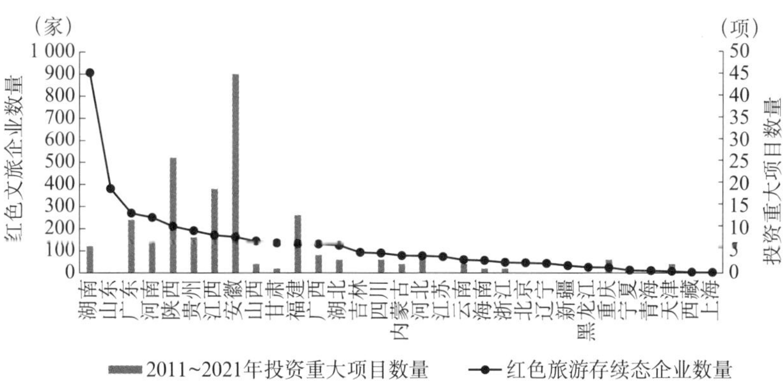

图7－14　各省份2011～2021年累计投资红色文旅重大项目数量对比红色文旅企业数量

资料来源：作者根据天眼查商业数据库的红色文旅服务企业注册信息计算所得。

第三节　我国红色文旅产业投资影响要素分析

一、政策因素

根据前述分析，据不完全统计，全国红色文旅重大项目总投资额，是于2016年开始呈现爆发式增长，并在“十三五”期间保持了持续高位状态。我国红色文旅相关企业的注册量也是从“十三五”开年的2016年后进入了快车赛道，正是国家级相关纲领文件高密度出台的利好（国家级相关政策文件的密集发布始于2016年），带动了整个产业网络及投资规模的快速增长。

二、经济因素

（一）社会资本供应量总体平稳

地区社会融资规模增量是指一定时期内、一定区域内实体经济从金融体系获得的资金总额。自2011年“十二五”时期以来，全国社会融资规模增量一直保持稳定增长。2019年，全国社会融资规模增量呈现跳跃式增长，而根据项目组不完全统计，全国来自社会融资/实业资本的红色文旅投资项目数量，也自2019年起呈现稳定的持续增长态势。总体来看，金融对实体经济的资金支持与经济发展相适应，社会资本供应量平稳，投资意愿旺盛。如图7－15所示。

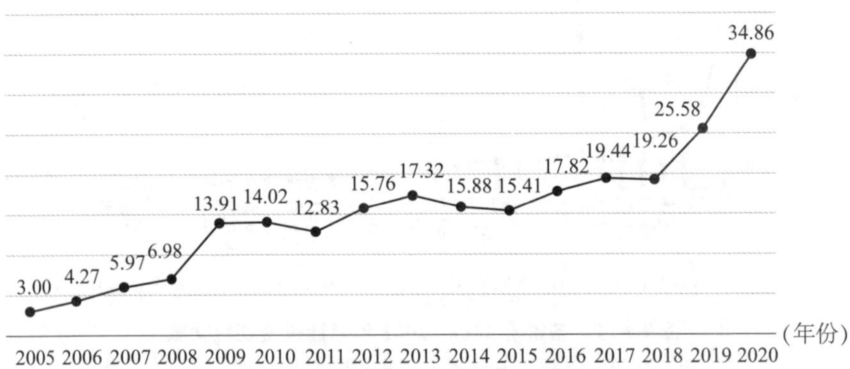

图7－15　2005～2020年全国社会融资规模增量（单位：万亿元）

资料来源：根据中国人民银行公布的2005～2020年全国社会融资规模整理所得。

（二）城市更新与乡村振兴的发展需要

从红色文旅产业化发展的几大模式来说，都市模式、城乡模式与革命老区模式，分别对应着我国的“城市更新”与“乡村振兴”两大国家战略。

2021 年，“城市更新”首次被写入政府工作报告，奠定了城市更新在“十四五”时期的战略地位。当前，从全国范围来看，我国已进入城市化进程的中后期，即缓慢发展阶段。据测算，2020～2030 年，我国城镇化率每年提升大约 0.85%，显著低于过去 10 年年均 1.27% 的升速；从重点城市群城市化水平来看，珠三角、长三角、京津冀整体城镇化率已超过“十四五”规划确定的常住人口城镇化率 65% 的目标。其中，珠三角城市化水平超过 80%。主要城市发展模式从大规模增量建设转为存量提质改造和增量结构调整并重。在此背景之下，“城市更新”上升到国家战略层面。在城市更新的逻辑发展脉络中，以发达地区的大都市为核心发展的红色文旅，主要有纪念场馆展示、故居陵园追思、革命遗迹瞻仰等形式，因地制宜地融入都市历史元素、时尚元素和休闲文化元素，如北京、上海、南昌等城市。

而从“乡村振兴”的国家战略来看，“红＋绿”“红＋蓝”“红＋古”等红色旅游产业的细分发展模式，是对战略中“实现巩固拓展脱贫攻坚成果同乡村振兴有效衔接”“构建现代农村产业体系”“加强乡村公共基础设施建设”等要点及实施的具体回应。习近平总书记指出，依托丰富的红色文化资源和绿色生态资源发展乡村旅游，搞活了农村经济，是振兴乡村的好做法。党的十九届五中全会进一步提出，推动文化和旅游融合发展，发展红色旅游和乡村旅游。中国革命是从乡村走出来的，乡村承载了中国革命的红色记忆，推动红色文旅和乡村振兴融合发展，具有天然的基础。进入新发展阶段，要继续推进红色文旅健康稳步发展，传承红色基因、弘扬革命文化、凝聚奋进力量，助力乡村全面振兴。

（三）加快地区与城乡平衡的发展需要

我国大量优质的红色资源下沉在革命老区，地理位置的弱势使革命老区长期以来经济发展相对落后，交通不便、基础设施简陋，给发展旅游业造成极大阻碍。红色文旅的老区模式是要变阻碍为优势，以红色文旅为抓手开发当地的生态、人文资源，变劣势为优势，带动其转化为经济资源，提升当地的居民收入、基础建设水平、就业及人口素质。

2021年8月，中央财经委员会第十次会议召开，习近平总书记在会上发表重要讲话，强调共同富裕是社会主义的本质要求，是中国式现代化的重要特征，要坚持以人民为中心的发展思想，在高质量发展中促进共同富裕。会议强调，要增强区域发展的平衡性，促进农民农村共同富裕。而红色资源集中的革命老区恰恰是调节区域发展失衡与城乡发展差距的重点对象之一。2021年2月，国务院印发《关于新时代支持革命老区振兴发展的意见》（以下简称《意见》），《意见》明确了三个方面的重点任务，其中第一项和第二项，分别涉及“推动实现巩固拓展脱贫攻坚成果同乡村振兴有效衔接、促进大中小城市协调发展、对接国家重大区域战略”“促进实体经济发展，增强革命老区发展活力，完善基础设施网络、培育壮大特色产业、提升创新驱动发展能力”。《意见》明确，支持革命老区立足红色文化、民族文化和绿色生态资源，加快特色旅游产业发展，推出一批乡村旅游重点村镇和精品线路。推动红色文旅高质量发展，建设红色旅游融合发展示范区，支持中央和地方各类媒体通过新闻报道、公益广告等多种方式宣传推广红色旅游。此外，国家开发银行计划2021年全年向革命老区发放贷款6 000亿元以上。国家开发银行以《意见》中明确的12个革命老区为重点，加大对革命老区振兴发展的支持力度，尤其是革命老区巩固拓展脱贫攻坚成果、基础设施建设、生态环境保护修复、红色文旅等领域。

三、技术因素

数字化技术赋能时空体验

根据《全国红色旅游经典景区名录》，全国红色旅游经典景区中，纪念馆类共计163处，占景区总量的54.3%；博物馆类共计16处，占景区总量300的5.3%；展览馆类共计5处，占景区总量的1.7%。三类场馆数量占全国红色旅游经典景区总量的六成，是红色旅游的主体承载空间。以博物馆、纪念馆为主体的投资对象，受到数字化、信息化等技术的更新驱动，为参观者提供创造“心流”感的体验，进一步吸引国家及社会资本进驻。2021年5月，国家多部委联合文旅部、国家文物局印发《关于推进博物馆改革发展的指导意见》，指出向财力困难地区倾斜，加强预防性保护和数字化保护项目支持，这一指导意见也将共同推动新技术资金投入流向红色文旅所在的革命老区、欠发达地区。

除博物馆/展馆外，景区及综合型度假区在利用技术更新红色文化的诠释、展示与互动方面，也有多地做出了尝试。例如，2017 年，江西某科技企业开发的基于 VR 技术的红色文化旅游平台，通过 VR（虚拟现实）技术，将红色旅游景点以互联网 VR 的视角呈现观光旅游景点。平台以江西红色文化景点为试点，重点聚焦红色井冈山、八一南昌起义纪念馆、八一广场、瑞金革命遗址、上饶集中营、安源区安源煤矿工人运动纪念馆、中央红军长征出发纪念馆等革命圣地，弘扬江西本土红色旅游文化特色。2019 年、2021 年，江西移动利用虚拟现实、全息扫描、3D 建模、全景直播等技术将井冈山的人文风光、红色革命文化、历史文物进行数字化重建，通过云 VR 平台实现数字内容的云端存储、渲染、推流等能力，打造井冈山文旅 VR 风光片、红色 VR 教育课件、红色教育 VR 沉浸体验影院、景区 5G + VR 直播、数字博物馆 VR 作品五大应用场景。

四、市场因素

消费主体与消费文化跃迁

自 2004 年第一个红色旅游规划纲要起，经过了十几年的快速发展，目前我国的红色旅游市场呈现出积极的发展态势。一是红色文旅市场需求强劲，游客规模持续扩大。二是红色游客人群呈现年轻化、高知化趋势。多家在线旅游平台的数据显示，红色旅游已经逐渐“年轻化”，“Z 世代”（1995 ~ 2009 年出生的群体）开始成为红色文旅的核心消费群体。三是红色文旅游客的消费意愿和能力逐渐增强。四是红色文旅定制化产品需求开始出现。市场消费主体的结构性迁移，红色消费文化的逐步形成，消费主体在价值观、审美、身份认同、社交等多重内在驱动力影响下或理性或冲动消费，都对红色文旅市场化、产业化产生着影响。

在消费主体与消费文化跃迁的背景下，那些能够脱胎于传统互动方式、演说逻辑的红色文旅产品或目的地，能够获得更多的资本关注。对资金量要求较高的如主题公园类项目，国内红色景点大部分为历史遗迹，多以实地参观、现场讲解为主，游客在游览的过程中，缺少互动性和体验度。而红色主题公园，作为利用娱乐解说逻辑展现红色文化的成熟型体验产品，也开始出现在供给端。以方特东方欲晓为例，经久不衰的红色经典和英雄事迹，被打造成了《致远 致远》《巾帼》《东方欲晓》《铁道游击》《岁月如歌》等一系列高科技互动体验项目，通过现代高科技的创新呈现，让人耳目一新，身临其境。轻资产项目，如典型的剧本杀＋红色旅游景区。常规的剧本杀与文旅结合方式中，景点对于剧本杀仅仅起到烘托氛围的作用，相比之下，红色剧本杀和景点之间则存在更加紧密的内在联系，那就是历史题材天然的地域性。不同于通常架空的古风题材、恐怖题材或者青春校园题材，红色剧本杀往往基于真实的历史，越是具有扎实的历史背景依据，越是具有强地域性。红色剧本杀与文旅相结合的特殊之处也就在于，当剧本的内容和此刻脚下的土地有着深刻的联结时，玩家打本时内心会产生更加深厚的情感。这种打通历史与当下的情感穿透力，正是红色剧本杀与文旅结合的基础。也正是基于红色剧本杀天然的地域性，像天津、上海这种有着丰富的民国历史旅游资源的城市，在红色剧本杀和文旅结合的产业中有着得天独厚的优势。

第四节　我国红色文旅投融资前景

一、红色文旅投融资现存问题与挑战

（一）社会资本投资总规模呈不稳定状态

2019 年全国社会融资规模增量呈现跳跃式增长，金融对实体经济的资金支持与经济发展相适应，社会资本供应量平稳，投资意愿旺盛。但实际上，据不完全统计，社会融资/实业资本针对红色文旅重大项目的投资规模在 2018 年呈现短暂高峰后，2019 ~ 2020 年呈现回落态势，政府投资则于 2018 年以来保持了持续增长。这种社会资本投资总量呈现出的短期不稳定状态，一方面可能源于对政策主导型市场信心不足、基础设施/配套设施投资增速较为缓慢等因素；另一方面也可能存在因风险厌恶，社会资本投资标的趋向中小规模资本量的趋势。

（二）社会资本投资标的受政策或市场波动影响较大

近年来，演艺类（含演艺＋剧院）、研学营地类、主题公园类呈现社会

融资/实业资本主导趋势，文创产业园/教育基地、综合体/主题街区也吸引了社会资本与政府资本“势均力敌”的关注度，这反映了社会资本对市场偏好与经营利润的朴素追逐，但部分标的同时受到政策或市场环境波动的影响，存在一定投资风险。以研学营地及研学相关板块为例，受2021年国务院发布的《关于进一步减轻义务教育阶段学生作业负担和校外培训负担的意见》，即“双减”政策影响，众多学科类培训机构被迫涌入素质教育赛道，而作为素质教育重要供给之一的研学机构及研学产品，竞争将更为激烈，在一定程度上影响新资本的进入。再以演艺板块为例，企查查数据显示，新冠疫情以来注销的旅游演艺相关企业不在少数，2020年全年吊注销的相关企业数为273家，2021年上半年则吊注销了155家。据不完全统计，全国80%的旅游演艺项目都处于亏损状态，真正盈利的不到9%，想透过演艺项目增加营收，仍是极具挑战的任务。

（三）部分地区资本流量与产业化、市场化程度不匹配

产业化的重要表征之一是相关企业的数量与质量。根据课题组统计，湖南、山东、河南、贵州、山西、甘肃、广西、湖北等几大省份，红色文旅企业数量均达到百家以上，但2011～2021年累计投资的红色文旅重大项目数量却相对较少。

市场化的重要表征之一是进入大众视野的可供给红色文旅产品的数量与质量。《全国红色旅游景区经典名录》中红色旅游景区数量居头部的北京、河北、河南、湖北、湖南、山东等省份，红色文旅重大项目投资的数量却相对偏少。安徽、陕西、江西、广东、福建等经典景区数量位于“腰部”的省份，获得投资的重大项目数量则相对较多。

二、红色文旅投融资前景分析

（一）城市更新与乡村振兴是驱动红色文旅投融资的重要历史背景

2021年，“城市更新”首次被写入政府工作报告，奠定了其在“十四五”时期的战略地位。早在2019年，习近平总书记就指出，依托丰富的红色文化资源和绿色生态资源发展乡村旅游，搞活了农村经济，是振兴乡村的好做法。城市更新与乡村振兴这两大新时代中国社会经济发展的动脉，是红色文旅投融资的重要历史背景。根据2018年各省份城镇化率水平及《全国红色

旅游景区经典名录》，在红色旅游经典景区数量大于10席的省（区、市）中，城镇化率高于全国均值（59.6%）的省份数量有8个，低于全国均值的省份数量为7个，清晰描绘出红色资源基本盘在“城市”与“乡村”中较为均衡的二元分布格局（见图7-16）。这种“二元格局”，将在“十四五”时期乃至未来更长一段时间，主导红色文旅资金的流向与流量。

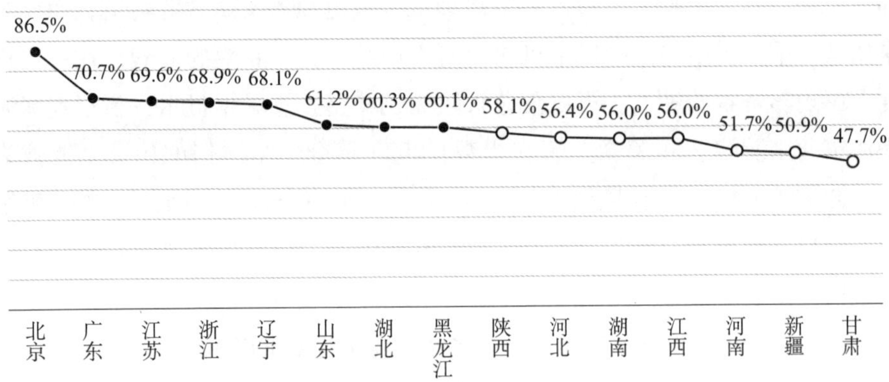

图7-16 红色旅游经典景区数量大于10席的省份城镇化率

资料来源：作者根据国家统计局官网公布的各省份城镇化率整理所得。

（二）政府资本主导格局不变，但增速将有所放缓

无论是重大项目的投资数量，还是投资额，7∶3的政府资本与社会资本分配格局，将在未来较长一段时间内成为我国红色文旅投融资主导格局。但从投资增速来看，除基础设施、配套设施未来几年会保持较快增速外（例如，2019年《文化旅游提升工程实施方案中央预算内投资管理办法》中提道，红色旅游基础设施建设项目不受最高补助限额的限制；2021年《关于新时代支持革命老区振兴发展的意见》中明确，增强革命老区发展活力，完善基础设施网络），景区类、展馆/博物馆类、政府主导投资主题小镇类，投资增速将有所放缓。

（三）产业化、市场化力量将加速驱动社会资本进入

红色文旅的产业性进程提速，加速驱动社会资本进入。产业性不仅体现在红色文旅景区的门票收入上，而且体现在能够产生经济效益和社会效益的其他环节和关联环节上。红色文旅以产业的形式出现，不仅包括文旅消费，还包括文旅公共消费品（景点、酒店、纪念品等）的生产、流通、分配等，形成社会再生产诸多环节的循环。演艺类（含演艺+剧院）、研学营地类、文创产业园/教育基地类、主题公园类、综合体/主题街区类，将成为社会资本布局红色旅游产业的主要板块，也会根据各地的资源特色、文化IP辐射力范围及现有产品供给质量，有所区别和侧重。同时，加速投资的基础与配套设施，也会为社会资本进入提供更多的正外部性条件。

第八章

新时代我国红色旅游与红色文化融合发展的创新机制构建

历史是最好的教科书，中国革命历史是最好的营养剂。2019 年 9 月 16 日，习近平总书记在河南考察时强调：“要讲好党的故事、革命的故事、根据地的故事、英雄和烈士的故事，加强革命传统教育、爱国主义教育、青少年思想道德教育，把红色基因传承好，确保红色江山永不变色。”当前中国人民更加自觉地热爱红色文化，不仅是由于红色故事的感人肺腑、红色精神的催人奋进、革命文物的峥嵘岁月，更是由于新长征路上中国要实现中华民族伟大复兴的历史使命感，这责任感、使命感让广大人民特别是青少年更加主动汲取红色文化的前进力量，让红色基因代代相传。新时代要从管理体制改革、市场活力激发、投融资机制、国际化等方面切入，全面推进红色旅游高质量发展和红色文化传承的创新机制建设，以红色旅游为载体传承好红色文化，用红色文化丰富红色旅游内涵，推动红色旅游和红色文化深度融合。

第一节　我国红色旅游与红色文化融合发展的管理体制构建

一、推动红色旅游和红色文化在国家“五位一体”建设中发挥重要作用

（一）提高红色旅游、红色文化在国家战略中的地位

将红色旅游、红色文化纳入新时期国家整体战略体系，增强红色旅游、红色文化在培育和践行社会主义核心价值观的作用，提升红色旅游、红色文化的社会参与度和影响力。将红色旅游发展、红色文化传承绩效纳入地方党委和政府年度考核指标。在积极发挥政府主导作用的同时，支持运用市场力

量发展红色文旅，在全国形成部门联动、上下齐动的良好运作机制。

（二）加大对红色旅游、红色文化的支持力度

中央和地方政府要进一步加大对红色旅游发展和红色文化传承、保护的投入，在前几期重点支持红色旅游经典景区基础上，进一步更新经典景区的软件和硬件，扩大非经典红色旅游景区财政支持范围。从重点支持景区建设向兼顾支持红色旅游区域联合和线路开发，支持红色文化传承保护，形成多元主体参与的统筹发展格局。注重对地方红色旅游发展、红色文化传承的分类指导，从资源保护、文化传播、规划制定、市场营销、产业融合等给予协调和引导。

二、改革创新管理体制机制

（一）改革红色旅游和红色文化管理体制

1. 改革红色旅游、红色文化工作领导体制

在国家层面重新启动红色旅游部级协调机制，并将红色文化传承作为重要内容加入其中。积极推动红色旅游工作由地方文旅部门主导向地方党委、政府主导转变。文旅部门要由协调作用逐渐向综合管理作用转变，通过整合红色旅游发展、红色文化传承工作在各部门的任务分工，形成地方党委、政府管理下的大红色文旅管理机制，努力实现监管覆盖红色文旅活动全过程、贯通文旅产业全链条。

2. 转变文旅管理部门的工作重心

发挥财政资金和扶持政策的引导作用，推动红色旅游发展从硬件建设向软件提升转变，更加注重管理体制创新、公共服务体系、品牌形象等软件提升，更加注重激活红色旅游市场活力、产品创新动力，注重红色旅游品牌构建，强调当地红色旅游发展居民和旅游者利益共享，注重创新红色旅游项目的投融资方式，切实提升红色旅游发展品质。注重红色文化的挖掘与保护，创新红色文化传播的渠道，扩大红色文化传播的人群，将红色旅游作为重要渠道，将游客作为重要对象，将红色文化传承和红色旅游发展职能合并为一体，将文旅部门作为红色旅游和红色文化融合发展的主管部门。

3. 激发地方发展红色旅游、传承红色文化的积极性

以管理体制和方式创新激发地方发展红色旅游、传承红色文化的积极性。

通过管理体制改革创新，简化行政审批，拓宽投融资渠道，推动红色旅游、红色文化市场向社会资本开放，创新红色景区管理方式，通过人事和收入制度改革激发红色景区员工积极性。适当增加红色旅游经典景区覆盖范围和数量，将“知青文化”“抗日战争”“三线建设”等重要红色遗址遗迹列入新时期的红色旅游经典景区名录。实施红色旅游、红色文化公益广告工程，在全国范围内推行国家公益计划。鼓励国内外企业家投入红色旅游景区建设、红色文化传承中。

（二）改善红色旅游发展和红色文化传承部门协调机制

1. 打破条块分割的管理协调机制

从国家层面上，重启并完善红色旅游工作协调小组工作机制，将红色文化传承纳入每次会议日程，扩大红色旅游工作协调小组成员数量。在地方层面上，要相应扩大红色旅游工作协调小组成员数量，要鼓励协调机构组织形式的创新，秉持有利于红色旅游发展均衡化、共享化、红色文化传承时代化、中国化、大众化的理念，本着该地区内红色旅游繁荣与红色文化传承高效的目的，进行地方文旅部门协调机制创新。

2. 建立落地性强、有制度保障的区域协调机构

红色旅游发展、红色文化传承不仅是单个目的地的竞争，更多的是区域整体的竞争。在过去20多年时间里，国内红色目的地已经建立了若干红色联盟，但是联盟开展工作的成效性、落地性、常态性不是很强。未来要本着务实、共赢、落地等原则开展工作，建立落地性强的区域协调机构，在红色客源互送、市场共享、产品创新、品牌共创、线路共开发等方面积极作为。

（三）以政策、规划和标准提升红色旅游发展和红色文化传承质量

在前两期注重硬件建设基础上，通过财政资金和政策设计引导红色旅游从硬件建设向软件提升转变，引导红色文化从革命遗址保护向现代传播体系构建转变，从成年人传承到青少年传承转变，注重公共服务体系、品牌形象等软件提升。推行红色旅游、红色文化的管理、服务标准化工程，以规则督促发展质量提升。建立红色景区科学考核指标体系，使接待较多游客、老百姓的红色景区可以获得更多财政转移支付，提高红色景区积极性。建立红色旅游经典景区年度考核制度，通过进入退出机制和等级考核政策激励红色景区不断提升自身发展水平。

第二节　我国红色旅游与红色文化融合发展的市场机制构建

一、创新红色旅游、红色文化投融资机制

（一）积极推进红色文旅公司实体化

从市县两个层面，鼓励在新成立红色文旅公司时，推进公司设立实体化。通过整合优势文旅资源和资产，以划拨、注资、委托管理等方式，分门别类、分步整合到文旅公司，形成大而强的实体公司。全面推动文旅公司运营实体化，公司除了服务游客外，要积极通过景区经营权拍卖、文旅资产投融资等方式，增加文旅企业面向业界的实体化运营业务，提高文旅公司综合竞争力。

（二）大力支持红色文旅景区资本化

要处理好政府和市场的关系，在坚持政府拥有公共景区所有权、保护权的前提下，突出社会效益，同时考虑红色文旅景区可持续发展，积极鼓励潜力大、目前盈利能力不强、多方资本参与的景区通过市场化手段提高文旅景区运营管理水平。根据景区所在地区经济能力和景区资源禀赋选择适合的文旅景区资本化方式，积极推进景区采取“国有民营投资模式”，即政府出文旅资源、企业出资金资本，在保护生态的前提下，授权一家民营企业在相当长一段时期内对资源进行整体控制和开发的模式。对于依靠门票等资金流充裕的景区，鼓励红色文旅景区经营企业经过股份制改造发行股票上市或通过购买上市公司股份置入资产等手段，使景区经营权证券化。

二、建立红色旅游经典景区市场考核制度

国家对红色旅游经典景区的财政扶持有效推动了红色旅游景区的发展，但是我们也要看到，只是一味财政支持，并没有相应的考核标准，会使红色旅游经典景区的进一步创新发展缺乏有效监督，而且红色旅游经典景区由于自身制度限制，往往员工也缺乏积极性，因此，未来一方面要搞活内部人事、薪酬制度，激发员工工作积极性；另一方面，要建立红色旅游经典景区考核

制度，督促财政和政策支持能够得到最大限度地利用。建立红色景区科学考核指标体系，使接待较多游客的红色景区可以获得较多财政转移支付，提高红色景区积极性。建立红色旅游经典景区年度考核制度，通过进入退出机制和等级考核政策激励红色景区不断提升自身发展水平。

三、实行红色景区门票价格分类管理

实行不同性质的红色景区的门票价格进行分类管理，对于公益博物馆、纪念馆继续采取免票政策，允许地方对革命遗址遗迹等适当收取成本性门票；对于地方招商引资建设的半公益性质红色景区，政府要给予门票等一定的补助，帮助企业在发展红色旅游的同时，完成一部分社会公益的目标；对于市场化程度较高的红色旅游景区，政府要鼓励企业通过市场化手段获取正当的经济利益。

四、培育壮大红色旅游和红色文化市场主体

（一）理顺政府与市场的逻辑关系

一方面中央和地方政府要进一步加大红色旅游、红色文化投入，形成投入稳定化机制，政府要主导道路、机场、高铁站等基础设施投资，还要做好红色主题博物馆、纪念馆等公益红色景区的建设；另一方面要用市场力量激发红色文旅市场活力，发挥好企业家在红色文旅建设中的突出作用，积极推进投融资创新、管理创新，激发市场推动和产品创新活力。最终，形成政府和市场双轮驱动的发展动力体系。

（二）发挥红色文旅发展的市场力量

坚持政府主导与市场推动相结合，在加大政府引导资金投入的同时，大力引进红色旅游战略投资者，增强红色旅游发展的活力。以资产为纽带，通过参股、控股等方式形成集团，通过信贷、融资、财政等方面的扶持，培育一批全国和地方知名的红色旅游龙头企业。制定税收、贷款、土地等优惠政策，扶持一批具有鲜明地域文化特色的红色文旅餐饮、休闲娱乐、纪念品、民宿等名牌企业。

五、培育新型红色旅游和红色文化产业要素

（一）以“红色文旅 +”推进产业融合发展

推动红色文旅和生态、健康养生、文化、工业、体育等领域密切合作与联系，推进红色文旅多元化模式开发，推进研学、体育休闲、红色教育基地建设，打造主题式特色红色文旅商品体系。加快红色文旅与乡村旅游融合，推动红色精品民俗发展，推进红色民俗旅游向旅游综合体升级。在红色目的地建设一批养生养老基地、中草药疗养基地、工业旅游示范点、体育运动休闲旅游基地、农业休闲旅游基地。

（二）以红色文化提升生态旅游产业

在生态旅游发展较好的红色城市，建设一批生态景区及绿色饭店，积极推进以节能、环保、降低消耗、绿色服务和绿色消费为内容的旅游生态化服务设施建设。以国家旅游度假区、国家生态旅游示范区创建为抓手，积极推进生态旅游产业快速、蓬勃发展。在重点生态功能区积极践行总书记“绿水青山就是金山银山”的生态保护和发展理念，使红色旅游城市的生态保护和开发走在全国前列。

（三）积极活化红色文化旅游产业

积极活化红色文化资源，开展艺术文艺活化工程，创新文化展出和参与形式，用类似迪士尼乐园的活动体验方式，充分运用虚拟现实技术，以声光电科技融合时尚元素推进红色文旅创新发展，构建红色文化创意产业孵化平台及文化资源培植平台，启动文化遗产名录项目，开展民间手工艺人扶助计划。

（四）创新发展乡村红色文旅产业

在红色目的地，加强休闲农业和乡村红色文旅特色村基础设施建设，积极开发农业多种功能，大力发展田园观光、风情体验、农艺学习、自助采摘、农事体验等系列乡村红色文旅产品。扶持建设一批具有历史、地域、民族特色的特色景观村镇，推动乡村文旅示范基地建设。加大对乡村旅游重点村的指导扶持。

（五）全面发展红色研学旅行新业态

支持各地加大文体商旅等领域与红色研学的融合力度，围绕避暑、避寒、

亲子、研学、乐园、演出、博物馆、体育、滨海、森林、草原等消费热点，开发研学新产品、新销售渠道、新体验方式，丰富红色研学消费场景。支持先进科技、数字技术在红色研学体验中的应用，大力发展智慧研学旅行。拓展红色研学旅行消费的空间和时间，在时间延长方面，大力发展夜间研学旅游，创新夜间红色文化和红色旅游消费场景，着力发展夏季避暑旅游、冬季避寒旅游和冰雪旅游；在空间载体方面，在体育、医疗、工业、农业等领域增加红色旅游休闲功能，拓展旅游休闲的空间。

第三节　我国红色旅游与红色文化融合发展的参与机制构建

一、扩大红色旅游、红色文化影响范围和力度

（一）发动更广泛的社会力量支持红色旅游发展和红色文化传承

红色旅游发展和红色文化传承既要注重社会效益，还要注意到发展红色旅游、红色文化的地区实际，除了中央财政加大投入外，也要鼓励企业和个人加入红色资源保护和红色文化传承中，应该动员更广泛的社会力量支持红色目的地发展，因为红色遗产是全社会的财富。国家要注重对地方红色旅游发展、红色文化传承的分类指导，对红色文旅规划、产业发展目录制定、市场营销等给予有针对性的指导。中宣部等有关部门要广泛推广红色旅游、红色文化公益广告工程，协调有关媒体减免红色文旅营销费用，加大对免费开放的红色景区财政转移支付的力度。鼓励个人和企业积极公益捐款，通过花名册、公益林、纪念馆刻字等方式发动社会力量支持红色文旅发展。要实行红色景区门票价格分类管理，对于公益博物馆、纪念馆继续采取免票政策，对于革命遗址遗迹等可适当收取成本性门票。

（二）推动红色文化传承形式的多元化，在红色旅游过程中构建新时代红色文化教育的社会思政大课堂

要以习近平新时代中国特色社会主义思想为指导，加快推进马克思主义的中国化、时代化、大众化，通过编写一批青少年能够读得懂、乐意读的中共党史、新中国史、改革开放史和社会主义发展史，让革命传统不仅进课堂，

而且通过研学旅行活动，将红色景点、革命遗址以及伟人故居等打造成为青少年爱国主义和革命传统教育的生动课堂。要加强红色文化传承的形式和载体创新，通过研学旅行、红色景区沉浸式演出、网络课堂、红色知识竞赛、革命纪念馆志愿者、红色体育运动会、精神文明实践基地等形式，丰富青少年参与红色文化活动的形式，开辟新时代青少年红色文化传承的新空间、新场景。

二、重构多元主体参与的红色旅游解说系统

红色旅游解说系统具有教育和服务的重要功能，对于提升红色目的地或景区吸引力具有重要作用。面对年轻化、科技化和文化多元化等发展趋势，红色旅游解说系统要注重历史性与通俗性、专业性与趣味性、实用性与教育性结合，从解说员、受众、解说信息、解说设施等方面进行系统创新，从而可以以红色旅游为载体更好传承红色文化。

（一）红色旅游解说系统的含义

解说系统含义丰富，国内外研究者众多。世界旅游组织指出，解说系统是旅游目的地诸要素中十分重要的组成部分，是旅游目的地的教育功能、服务功能、使用功能得以发挥的必要基础，是管理者管理游客的手段之一。吴必虎等（1999）认为，解说系统的含义，是“运用某种媒体和表达方式，使特定信息传播并到达信息接受者中间，帮助信息接受者了解相关事物的性质和特点，并达到服务和教育的基本功能”。台湾朝阳科技大学休闲事业管理系吴忠宏（2014）认为，“解说是一种信息传递的服务，目的在于告知及取悦游客并阐释现象背后所代表之含义，借着提供相关的资讯来满足每一个人的需求与好奇，同时又不偏离中心主题，以期能激励游客对所描述的事物产生新的见解与热诚”。还有学者认为，通过解说的独特功能，实现“资源、游客、社区和旅游管理部门之间的相互交流”（NPS，1997）。从上述学者定义可以看出，红色旅游解说系统是连接供需双方的中介渠道，通过红色旅游解说系统能够实现服务、教育、环境保护等众多功能，它是实现多方共赢的手段，有助于提升游客体验满意度，有助于红色旅游目的地综合吸引力的提升。

（二）红色旅游解说系统的构成

根据提供信息方式将旅游解说系统分为自导型和向导型两种，自导型系

统主要是依靠电子辅助系统、标志标识等完成的，当前流行的虚拟现实（VR）技术适合应用于自导行解说系统中，向导型解说系统则是由人辅助完成解说工作的，当然，工作人员需要通过环境、景物等辅助衬托才能更好完成解说工作。根据解说系统的流程，解说系统由解说员、受众、解说信息、解说设施等组成，可以将解说系统称为解说链，它由供给方、需求方和解说媒介、解说环境组成，解说环境能够提升解说系统的满意度，提高游客体验感。

（三）红色旅游解说系统创新方向

第一，在红色旅游解说队伍建设上，要加强对解说员的红色理念教育，加强历史文化教育和核心价值观教育，要发动更广泛的社会力量参与到红色旅游解说队伍中来，发动中小学生成为讲解员志愿者，引导更多企业家、知识分子、海外华人华侨、外国友人争做一天（一周、一月）讲解员，招聘更多革命先烈后代作为解说员，提高革命传统讲解的艺术性、真实性、情感性，重点选取在革命歌曲演唱、乐器、舞蹈、朗诵等方面的人才到讲解员职位。

第二，要实行红色旅游景区分类管理，将景区分为庄严肃穆的民族苦难记忆类（如中国人民抗日战争纪念馆）、民族自豪感强的走向胜利类（如西柏坡、延安系列景区）、寓教于乐的伟人成长类（如韶山毛泽东故居景区）、改革开放伟大成果类、艰苦奋斗类、伟大复兴时代的创业创新类等。

第三，要根据旅游体验差异，针对青少年、老年人、企业家、国外游客等人群设计不同的解说系统。红色景区要针对不同年龄段进行分级，对于面向少年儿童的场所暴力、恐怖等场景的展示要适当处理。对于企业家、知识分子等社会精英人士则要在挖掘深入历史资料基础上，寻求革命传统教育与职业发展密切结合点进行解说。对于中国港澳台同胞和国外游客则要从解说内容、解说方式和解说技巧等方面用他们乐于接受和能够理解的方式重构。

第四，在红色旅游解说媒介方面，要善于利用场景设计，注重用体验性强、代入感强的情景式解说传递红色信息。可参考迪士尼主题公园中的项目设计方式，在条件适合景区，用实景体验模式去解说，如延安的1938主题街区、井冈山斗争全景画声光电演示馆等，以提高用户体验。

第五，要积极寻找红色文化与美食、体育、科技、动漫、网络游戏等方面的结合点，以现代性、时尚性、趣味性等方式向青少年传播主流价值观。

注重虚拟现实（VR）技术在红色旅游解说设施、红色旅游景区中的应用，用最新科技进行革命传统教育、红色旅游体验，寓教于乐中接受爱国主义洗礼。

三、推动红色旅游和红色文化的国际化

（一）按照国际思维和标准发展红色旅游、传承红色文化

借鉴世界文化遗产开发经验，遵循产品开发和展示形式的国际化规律，设计具有国际吸引力的红色文旅产品。在伟人故居、铜像广场、博物馆等传统红色资源开发基础上，更加注重伟人图书馆、红色旅游景观带等非传统旅游资源的开发。通过境外在线旅游平台和传统媒体渠道等加大营销力度，吸引境外人士特别是青少年到我国参加红色文旅活动，把红色文旅做成对外宣传党和国家形象的重要窗口。

（二）推动政府和民间组织国际交流常态化

要积极吸引境外人士到我国参加红色文旅活动，把红色文旅活动做成对外宣传党和国家形象的重要窗口，增进境外人士对中国共产党、党领导的革命以及我国新时期建设成就的了解和理解。要在国家遗产旅游、世界反法西斯联盟等框架内，利用亚太经济合作组织（APEC）、上海合作组织、金砖国家等国际平台加强红色旅游协调机构、企业交流合作机会，利用 UNWTO、WTTC、PATA 等国际旅游机构加强红色文旅重要议题的讨论，在世界上增强我国红色文旅影响力和话语权，积极与俄罗斯、古巴、越南、朝鲜等国家形成双边红色文旅交流机制，在红色旅游线路联合开发、红色文化联合传播、联合推广、学术交流、人才培训等方面进行不定期国际交流合作。

参考文献

［1］曹新向，王伟红，梁留科．红色旅游开发的理论和实践研究［J］．西北农林科技大学学报（社会科学版），2005（4）：126－130.

［2］陈丽军，杨凯，胡潇敏．基于社区参与的大别山革命老区红色旅游可持续发展对策［J］．黄冈师范学院学报，2017，37（2）：105－108.

［3］陈雄根．湖南长株潭地区红色旅游资源的开发与区域经济发展［J］．经济地理，2007（6）：1042－1045.

［4］陈志永，李育．我国红色旅游发展现状及发展对策研究［J］．学术探索，2005（5）：52－57.

［5］程瑶．桂林红色旅游与文化产业融合发展研究［D］．桂林：广西师范大学，2017.

［6］戴欣欣．井冈山红色旅游产品深度开发研究［D］．上海：华东师范大学，2010.

［7］党红星．山东红色旅游资源开发研究［D］．济南：山东大学，2006.

［8］方世敏，罗茜．打造韶山红色旅游产品的战略思考［J］．湘潭大学学报（哲学社会科学版），2004（5）：135－138.

［9］付璐．文化强国视域下红色旅游的高质量发展［J］．社会科学家，2022（8）：39－43.

［10］韩国威．湖北大别山红色旅游深度开发研究［D］．武汉：武汉科技大学，2014.

［11］黄静波，李纯．湘粤赣边界区域红色旅游协同发展模式［J］．经济地理，2015，35（12）：203－208.

［12］贾国栋，王立国，朱海，等．基于GIS空间分析的江西红色旅游资

源空间特征及其开发适宜性研究［J］. 旅游论坛，2022，15（6）：49－61.

［13］蒋长春. 国内游客对红色文化感知的差异性研究——以延安红色旅游为例［J］. 河北大学学报（哲学社会科学版），2013，38（4）：75－80.

［14］剌利青，徐菲菲，何云梦，等. 基于游客视角的红色旅游资源开发价值共创机制［J］. 自然资源学报，2021，36（7）：1647－1657.

［15］李康平，张吉雄. 革命文化：中国共产党百年文化之基［J］. 江西社会科学，2021，41（6）：15－21.

［16］李响. 红色文化和旅游产业：文旅融合的困境与路径［J］. 学术交流，2021（7）：119－129.

［17］李应军. "红色旅游"发展探讨［J］. 湖南商学院学报，2005（1）：64－66.

［18］李永春，饶赟. 中国共产党革命文化的育人功能研究［J］. 湖南大学学报（社会科学版），2022，36（1）：11－16.

［19］刘海洋，明镜. 国内红色旅游研究进展与评述［J］. 旅游研究，2012，4（3）：60－65.

［20］刘红梅. 红色旅游与红色文化传承研究［D］. 湘潭：湘潭大学，2012.

［21］刘建平，刘向阳. 区域红色文化遗产资源整合开发探析［J］. 湘潭大学学报（哲学社会科学版），2006（5）：73－76

［22］刘润为. 红色文化：中国人的精神脊梁［J］. 红旗文稿，2013（18）：4－9，1.

［23］刘寿礼. 苏区"红色文化"对中华民族精神的丰富和发展研究［J］. 求实，2004（7）：33－34.

［24］罗旦. 井冈山市文化产业与旅游产业融合发展研究［D］. 南昌：江西财经大学，2020.

［25］马荣霞. 石家庄市红色旅游可持续发展策略研究［D］. 石家庄：河北师范大学，2013.

［26］毛日清. 老区建设与"红色旅游"事业的发展［J］. 求实，2002（12）：49－50.

［27］亓春元. 基于游客感知的红色旅游目的地开发与建设研究［D］.

北京：北京交通大学，2013.

［28］秦洁．革命文化：中华民族最为独特的精神标识［J］．红旗文稿，2016（17）：13－14.

［29］秦在东，庄苓．论增强高校红色文化育人的实效性［J］．学校党建与思想教育，2021（11）：44－46.

［30］尚子娟，任禹崑．乡村红色文化与旅游发展模式探析［J］．学术交流，2021（4）：111－122.

［31］宋昌耀，厉新建，张琪．红色旅游的高质量发展［J］．旅游学刊，2021，36（6）：3－5.

［32］谭华云，许春晓．行动者网络视阈下红色旅游融合发展中的利益共生研究——以韶山红色旅游为例［J］．广西社会科学，2016（1）：64－70.

［33］谭娜，万金城，程振强．红色文化资源、旅游吸引与地区经济发展［J］．中国软科学，2022（1）：76－86.

［34］汤玲．中华优秀传统文化、革命文化和社会主义先进文化的关系［J］．红旗文稿，2019（19）：31－32.

［35］万青．关于开发大别山地区红色旅游资源的探讨［J］．中国农学通报，2006（6）：505－509.

［36］王金伟，刘建平，钟泓，等．红色旅游高质量发展：科学内涵、现实逻辑与实践路径——“新时代红色旅游高质量发展”专题对话实录［J］．旅游论坛，2021，14（6）：1－14.

［37］王力峰．百色市红色旅游资源开发研究［J］．改革与战略，2005（10）：54－57.

［38］王立东．红色旅游产品的线路设计［J］．求实，2006（S1）：158－159.

［39］王雄青，胡长生．文旅融合背景下红色文化旅游高质量发展路径研究——基于江西的视角［J］．企业经济，2020，39（11）：100－107.

［40］王雪晶，沈和江，张全喜，等．红色旅游“效益最优”价值拓展及策略选择［J］．河北师范大学学报（自然科学版），2009，33（2）：260－266.

[41] 王志玲，李又云．红色教育资源在大学生思想政治教育中的融入路径探讨［J］．教育理论与实践，2022，42（9）：43－45.

[42] 魏本权．从革命文化到红色文化：一项概念史的研究与分析［J］．井冈山大学学报（社会科学版），2012，33（1）：16－21，31.

[43] 魏文颖，银锋．VR助力红色旅游资源开发研究——以八一起义红色旅游资源为例［J］．企业经济，2021，40（7）：146－151.

[44] 许春晓，黎巧．长株潭红色旅游共生发展的空间特征［J］．旅游科学，2015，29（2）：14－27.

[45] 许丽．红色文化资源数字化保护与创新发展路径［J］．人民论坛，2021（1）：139－141.

[46] 许水平，黄细嘉，沈胤．基于系统基模的红色旅游景区可持续发展探析［J］．南昌大学学报（人文社会科学版），2014，45（6）：63－68.

[47] 阎友兵，方世敏，尚斌．湖南红色旅游发展的战略思考［J］．经济地理，2007（5）：867－872.

[48] 阎友兵，殷韵洁．韶山全国红色旅游融合发展示范区旅游业融合发展研究［J］．湖南财政经济学院学报，2015，31（3）：102－107.

[49] 姚素英，王富德．关于红色旅游的探讨［J］．北京第二外国语学院学报，2005（5）：89－92.

[50] 尹晓颖，朱竑，甘萌雨．红色旅游产品特点和发展模式研究［J］．人文地理，2005（2）：34－37，76.

[51] 张颢．当前红色旅游资源开发中存在的问题及对策——以江西为例［J］．商场现代化，2007（12）：245.

[52] 张莉杰．红色旅游发展的问题与对策［J］．内蒙古财经学院学报，2011（5）：107－112.

[53] 张朋林，石书臣．革命文化话语转化：动力、价值及方式［J］．思想教育研究，2021（4）：135－140.

[54] 张群，刘建平．红色旅游的特色分析及其发展研究［J］．长沙大学学报，2006（6）：49－51.

[55] 张新成，高楠，王琳艳，等．红色旅游高质量发展评价指标体系与培育路径研究——以红色旅游城市为例［J］．干旱区地理，2022，45

(6): 1927 - 1937.

[56] 赵莉. 全域旅游视角下红色文化资源开发——评《红色旅游与红色文化传承研究》[J]. 领导科学, 2019 (13): 128.

[57] 郑昭佩, 任燕, 齐善忠. 沂蒙山区红色旅游发展对策 [J]. 山东师范大学学报(自然科学版), 2006 (3): 116 - 119.

[58] 周刚. 关于红色旅游市场营销研究——以云南省为例 [J]. 北京第二外国语学院学报, 2006 (7): 54 - 60.

[59] 周美静. 旅游共生类型及红色旅游共生发展表现 [J]. 重庆交通大学学报(社会科学版), 2017, 17 (6): 78 - 85.

[60] 周琪, 张珊. 论新时代红色文化资源的现实境遇与创新实践 [J]. 重庆社会科学, 2020 (12): 19 - 27, 2.

[61] 周媛. 全域旅游视角下红色旅游产业融合发展评价研究 [D]. 湘潭: 湘潭大学, 2017.

[62] 朱慧方, 时朋飞, 俞筱押, 等. 贵州红色旅游资源与乡村旅游资源共生系统研究 [J]. 资源开发与市场, 2023, 39 (3): 377 - 384.